靖国問題と中国包囲網

副島隆彦

ビジネス社

まえがき

この本は、２０１４年の中国の最新の動きを知らせる中国についての本である。

ところが２０１３年の年末、安倍首相の靖国参拝問題が持ち上がって世界中に波紋を広げた。アメリカが怒っている。だからこの問題から先に取り上げる。一体、日本と中国、韓国どころか、世界との関係で何が起きているのか。

私は、ある企業経営者（出版業者）から質問された。「副島さん。どうして靖国の英霊たちを参拝しに行ってはいけないの？　国のために戦争で死んだ軍人たちに哀悼の意を表明するためにお参りするのは、日本国民として当然でしょう。いちいち外国の顔色をうかがう必要があるの？」

私は、この主張にまっ正面から答えなければいけない。靖国神社に祀《まつ》られている、戦争で死んだ軍人・兵士（合わせて soldiers ソルジャーと言う）を、追悼するために参拝に行きたい人は行けばいいのである。誰も反対はしない。その人の自由である。だが、日本国の代表者である首相と閣僚（大臣）が参拝に行くと、それは大きな問題になる。世界が許さない。中国、韓国だけでなくアメリカもロシアもヨーロッパ諸国も、そしてアジア諸国までもが文句を言う。何故か。この問題について私は全面的に説明する。わかりやすく、すべてのことを説明する。「何故、安倍首相の昨年末の靖国参拝はそんなにまずいことだったのか」を徹底的に解説する。日本の首相と大臣たちだけは、靖国神社に自由にお参りに行ってはいけないのだ。何故か？

そのあとで中国の現在の最新の動きを報告する。

副島隆彦

靖国問題と中国包囲網　目次

第1章 世界が靖国参拝を許さない理由

第2章 中国包囲網と習近平の外交戦略

第3章 習近平体制の中国の躍動

第4章 香港・深圳で目撃した大きな資金の流れ

第5章 旧満洲の現実

と言っても無理だろう

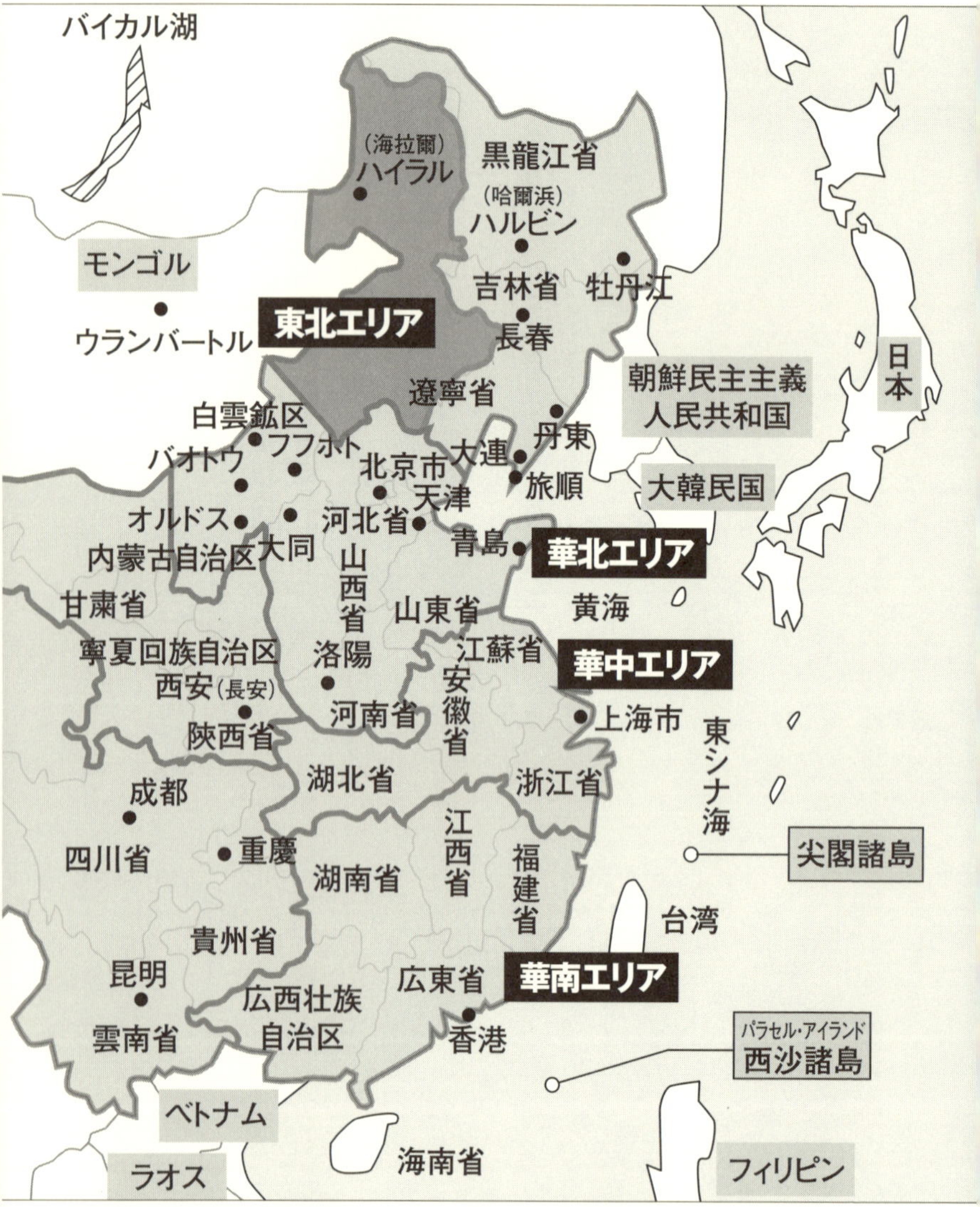

分けて中国人たちは考えている

「中国包囲網」を日本が敷く

中国を上記の6つのエリアに

第1章

世界が靖国参拝を許さない理由

日本人の感情論は世界で通用しない

安倍首相が昨年末の２０１３年12月26日に靖国神社に突然、参拝した。本人としては満《まん》を持《じ》してのものだったようだ。これに対して世界各国が怒って不快の表明をしている。それらは後のほうに、新聞記事で列挙する。

アメリカ合衆国が恐らく今もいちばん怒っている。オバマ大統領は4月22日からアジア歴訪の旅をする。日本はそこから外されかかった。オバマと安倍の首脳会談はほんのわずかの時間であろう。オバマはすぐに日本から去るだろう。そして韓国へ向かう。アメリカは今も怒っている。中国と韓国が怒るだけでなくて、何故アメリカがそんなに怒っているのか。日本国民はわかろうとしない。誰も説明しようとする者がいない。だから私が説明する。

日本国民が、自分たちだけの感情や情緒、気分で動いていることが、世界では通用しないのだ。このことを、日本国民がわからなくなっている。冷静に事実を積み上げて物事を考えるということを、日本人はできなくなっている。

「痛恨《つうこん》の極《きわ》み」がこれで晴れたか。
2013年12月26日
安倍首相の公式参拝

写真提供／共同通信

戦後の世界体制は連合国がつくった

今から69年前の1945年の8月に、日本は戦争で負けた。連合諸国《ユナイテッド・ネイションズ》（連合国側）が日本政府に通告してきたポツダム宣言を受諾した。それが昭和天皇の〝終戦の詔勅（みことのり）〟である。「世界の大勢また、我《わ》れに利《り》あらず。耐え難きを耐え、忍び難きを忍んで」というコトバとして有名である。日本は無条件降服（アンコンデショナル・サレンダー。これに文句を言う人もいる）して敗戦した。

その後《あと》、極東国際軍事裁判（東京トリビューナル）が開廷した。1946年5月3日から開かれ、3年後の1948（昭和23）年11月25日に判決が出た。東條英機（首相、大将。当時）以下7人の戦争最高指導者たちが死刑で絞首刑になった。

起訴されたA級戦犯の指定《してい》（designation デジグネイション）を受けた28人のうち、25人に有罪判決が下りて、そのうちの7人が死刑だった。東條英機首相（現役のままの陸軍大将）たちに絞首刑が執行された。12月23日である。この日は現在の天皇の誕生日である。

その翌日の夜、児玉誉士夫《こだまよしお》と笹川良一《ささかわりょういち》と岸信介《きしのぶすけ》（開戦当時、商工大臣）たち「第二次裁判」の予定者たちは無罪放免された。「世界反共《はんきょう》同盟」、「大陸反攻《はんこう》」のための日本の貴重な人材としてアメリカ政府によって重用《ちょうよう》される、と決定されたからだ。

　それから30年後の1978年に、東條英機以下14人のA級戦犯と呼ばれている人たちの御霊《みたま》（霊璽《れいじ》と呼ばれる）が、靖国神社に合祀するというかたちで、戦没者の名簿の中につけ加えられた。ここから問題が起きた。その前は問題ではなかった。靖国神社への参拝問題は、1975年（三木首相の個人としての参拝）のころまでまったく諸外国に問題にされなかった。以後は「A級戦犯合祀問題」となった。

「The《ザ》 United《ユナイテッド・》 nations《ネイションズ》」という言葉がある。これは**「連合諸国《しょこく》」**と訳すべきだ。×「国際連合」ではない。その略称の×「国連」も誤まりである。ユナイテッド・ネイションズを国際連合と訳したことの間違いが、今に響いている。「ユナイテッド（連合）ネイションズ（諸国）」を正確に「連合諸国」と訳せば日本人はわかるのだ。日本はこの連合国《ユナイテッド・ネイションズ》側と戦争をしたのである。そして敗けた。

　この連合国側＝連合諸国が、そのまま、連合諸国《ユナイテッド・ネイションズ》の名前でその後の世界体制、世界秩序になり、それに日本は頭を下げて入れてもらったのだ。このことを日本人がはっきりとわかっていない。あれはただの終戦だ、ぐらいに軽く考えている。だから世界中《じゅう》が、怒るのだ。日本の首相の靖国参拝は戦後の世界体制＝世界秩序への反逆、約束違反なのだ。

　1951年9月に結ばれたサンフランシスコ講和条約（平和条約。48カ国と結んだ。＝戦争終結条約のことだ）の条文に違反している。

日本とドイツとイタリアは、この連合諸国《ユナイテッド・ネイションズ》と対決して三国軍事同盟（１９４０年9月27日調印）をつくって戦った。連合諸国側は①アメリカ合衆国と②ソビエト・ロシアと③中華民国と④フランス（ド・ゴールの亡命政権）と⑤イギリスの主要5カ国だ。この連合諸国が日独伊の軍事同盟を打ち破った。軍事同盟側は枢軸国《すうじくこく》（The Axis ジ・アクシス）と呼ばれた。「ベルリン－ローマ－東京枢軸《すうじく》」の意味である。

日本とドイツとイタリアは負けた側だ。そしてその戦争指導者たちが、ドイツではヒトラー総統《ヒューラー》は宮邸で自殺（１９４５年4月30日）しているので、ゲーリング以下の戦争指導者（ナチス政府の最高幹部たち）が、やはり絞首刑の判決を受けている。それがニュルンベルク軍事法廷（Nurenberg Military Tribunal）だ。イタリアのムソリーニは、パルチザンたちに捕まって同年4月28日に銃殺の後で逆さづりの刑にされた。

この連合諸国が、そのまま世界の戦後体制をつくって、今もこのままだ。

繰り返すが、日本語で✖「国際連合」と訳すからおかしなことになったのだ。どこにも国際《インターナショナル》というコトバはない。わざとやった誤訳だ。誤訳は必ず訂正しなければいけない。ユナイテッド・ネイションズは「連合諸国」と今からでも正しく訳し直さなければいけない。中国では正しく「聯合《れんごう》（諸）国」と訳して使っている。だから略称の✖「国連《こくれん》」も間違いである。

しかし、どうせ正しく訂正しないで、今後もこのままだろう。こういう点で、日本は世界に向かって恥かしい国である。国内向けにインチキをやるから、それがあとあと不都合なことになる。国民にも誤《ご》（理《り》）解《かい》の原因をつくって、「世界（中）が何を言っているのか」わからない。それで今回の首相の公式参拝で起こした靖国問題での大失敗ということになった。もはや公式参拝したことの言い逃れはできない。

アメリカが怒っている理由

戦争中にできた連合国側の体制が、そのまま世界の戦後体制（＝世界秩序）をつくっている。そして、この The《ザ》 U.《ユー》 N.《エヌ》 連合諸国の親分（お役人さま）である5つの大国、五《ご》大国《たいこく》のことを英語で、five permanent members（ファイブ・パーマネント・メンバース）と言う。前述したアメリカとロシアと中国とフランスとイギリスの5つの大国だ。これを安保理《あんぽり》（安全保障理事会《セキュリティ・カウンシル》。軍事問題を扱う）の「五大常任理事国《じょうにんりじこく》」と訳す。今もこの5大国を中心にUN《ユー・エヌ》は運営されている。

そしてこの The United Nations の判断で、東條たちは絞首刑にされたのだ。

だから、自分たち連合諸国（日本では極東委員会とか対日《にち》理事会と言った）が決断して軍事裁判《トリビューナル》を開いて首をつった東條たちの霊魂《れいこん》が、1978年から靖国神社に祀られることになった。この靖国神社を、一体、どうして連合諸国側の元首《げんしゅ》（ソブリン Sovereign）である大統領やヨーロッパ諸国の首相や国王たちが来日した時にお参りできるか。できるわけがない。お参りに行くわけがない。なぜなら、彼らUN《ユーエヌ》の意思で東條たちを死刑にしたのだから。このことを日本人全員がわからないのだ。誰も説明してくれないから誰もわからない。

A級戦争犯罪人《ウォークリミナル》を合祀《ごうし》して、戦没者の兵士《ソルジャーズ》・軍人たちの鎮魂の神社である靖国追加で東條英機たち戦争指導者たちの霊を共同の名簿の中に入れた。

ということはどういうことか。

日本では、人は死んだら皆、仏《ほとけ》さま、神さまになる。どんな人でも死んだら霊となり神になる。分けへだてなく拝めばいい。これが外国人にはわからない。通用しない。アメリカを始めとして東條たちの霊を拝むことを拒否する。当然のことだ。自分たちが処刑したのだから。

安倍政権を揺さぶるアメリカ

安倍晋三は、昨年末の靖国参拝で致命傷を負った。〝高転《たかころ》び〟して、有頂天の絶頂から一気に転落しつつある。この流れはもうおそらく後戻りしない。安倍晋三は、世界とりわけアメリカを敵に回したので、もうこのまま政権を維持できない。

おそらく4月からの消費税の8％への値上げで国内の景気が悪化したことを理由として、アベノミクスの失敗ということを口実（口実にもならない、みっともない口実）にして退陣するだろう。そうしないと後《あと》の政権を継ぐ者たちにまで、馬鹿げた責任が続く。後の者は当然、「安倍さん。あなたが蒔《ま》いた禍《わざわい》は全部、あなたが持っていってくださいね」と言うに決まっている。

安倍政権の内部は、1月から相当に沈鬱なムードになっており、自分たちへの葬送行進曲が流れている。去る12月26日の靖国参拝を決断し強行した、安倍晋三個人の責任を周囲の者たちは、公然とは追及できない。相手は首相である。自分たちの任免権（クビにする権限）を握っている。だから「総理。私たちがあれほど慎重に行動してくださいと言ったのに」と、弱々しくでも引導を渡すのが、菅義偉《すがよしひで》官房長官の仕事だ。

安倍側近を自認する者たちは、安倍と一緒に討ち死にするしかない。だが、その一方でもう、安倍晋三チームから逃げ出す準備をしている者たちも出ているだろう。

以下の日経新聞の記事の末尾に、ちらりとあるごとく、萩生田光一《はぎうだこういち》という総裁特別補佐（＝側近）を自任する政治家は、靖国参拝を安倍に急《せ》き立てた強硬派であるから自分も討ち死にする覚悟だ。

私、副島隆彦としては、安倍晋三が7年前（2007年9月）と同じ「お腹《なか》の調子が悪い」を理由に、政権を放り出さないことを祈る。世界に対して、安倍個人がみっともないを通り越して、本当に日本という国がみっともない国になる。

2014年1月17日に、バラク・オバマは、ホワイトハウスの執務室から、直接、アメリカ国民に向かって、43分間に渡って、激しい演説をしたようだ。記者たちからの質問には一切答えない、というものだった。

内部告発者《ホイッスル・ブロウアー》、CIAの下級職員（通信傍受係《ぼうじゅ》）のエドワード・スノーデンによる事件が昨年5月から起きた。アメリカ政府が持つ最高度の安全保障に関わる国家機密（すべてのスパイ・マスターたちの顔ぶれ、経歴までが露呈。イスラエルの国家機密情報も漏れた）の持ち出し、流出で、相当の打撃を受けた。このことに対してオバマは、公然と居直ることを決断したようだ。もうこれ以上、各国の首脳たちにこの件での謝罪、言い訳はアメリカ大統領としては一切ない、と公言した。アメリカは今後も各国の秘密情報を収集し続ける、と。

そしてオバマは、「これからは、私は、世界の独裁官《どくさいかん》（ディクタトーレ）になる」、と宣言したような断平たる感じだった。

その影響が、以下の、日本のワルの外務官僚のトップである、谷内正太郎《やちしょうたろう》へのアメリカ政府からの「異例の厚遇」（新聞の表現）となって表れている。スーザン・ライス国家安全保障担当大統領補佐官《ナショナル・セキュリティ・プレジデンシャリ・エイド》だけでなくジョン・ケリー国務長官と、チャック・ヘーゲル国防長官までが出て来て谷内と会った。安倍内閣を無視して、直接、日本の官僚組織（そのうちの国家情報部門《インテリジェンス》）を自分の配下に加えることを決断したに等しい。

ワルの官僚のトップである谷内《やち》は、安倍政権の政治家たちの愚かさを見越してアメリカに直属すると決断したようだ。アメリカもそれを受け入れた。

谷内正太郎は、自分が、新設された日本版ＮＳＣ《エヌ・エス・シー》（国家安全保障会議）の事務方《かた》のトップである国家安全保障局《こっかあんぜんほしょうきょく》の局長に今年の1月に正式に就任している。だから、安倍政権や自民党に対してもアッカンベーをしても構わない。「国家の利益のためには、政権（政治家）なんかいくつ倒れても構わない」という、藤原不比等《ふじわらのふひと》が7世紀から始めた律令《りつりょう》の官僚支配のやり方を公然と実行した。日経新聞の記事を載せる。

「米、谷内氏を異例の厚遇　『靖国』の局面転換狙う」

オバマ米政権は1月17日、訪米した谷内正太郎・国家安全保障局長を異例の厚遇で迎えた。安倍晋三首相の靖国神社参拝によってすきま風が吹いた日米関係の局面転換を印象付けるとともに、首相の再参拝をけん制する思惑があるからだ。アジアで台頭する中国も意識している。

「excellent《エクセレント》（素晴らしかった）」。谷内氏は、米国務省の玄関口で、中国メディアからケリー国務長官らとの会談の感想を問われ、こう即答した。

谷内氏はケリー長官、ヘーゲル国防長官、（スーザン・）ライス大統領補佐官（国家安全保障担当）と相次ぎ会談した。日米の国家安全保障会議（NSC《エヌエスシー》）の連携を確認したライス氏との会談は織り込んでいたが、主要閣僚のケリー、ヘーゲル両氏との会談の実現は谷内氏本人にも意外だった。

首相参拝の「真意」を説明するためワシントン入りした日本の要人が会った米政府の顔ぶれをみれば、厚遇ぶりがわかる。（なぜなら）超党派の日米国会議員連盟（会長・中曽根弘文《ひろふみ》元外相）（が会ってもらえたの）はラッセル国務次官補（東アジア・太平洋担当）。首相の実弟、岸信夫《きしのぶお》外務副大臣はバーンズ国務副長官（どまり）だった。

谷内氏への厚遇は日米関係の局面転換を印象付ける。米国のアジア戦略は同盟国である日本などとの連携が欠かせない。首相参拝によって日米間に生じたさざ波が大きくなれば、戦略の空洞化が進む。中国や北朝鮮のさらなる増長を招きかねないとの判断だ。

知日派のマイケル・グリーン米戦略国際問題研究所（CSIS《シーエスアイエス》）上級副所長は、首相参拝の影響は認めつつも「環太平洋経済連携協定（TPP《ティーピーピー》）や、日米防衛協力のための指針再改定などへの取り組みは米国の国益にもなる」と訴える。

首相への影響力がある谷内氏を通じた再参拝（をしないように）への圧力ともとれる。「平和主義からの離脱」（米紙ニューヨーク・タイムズ）など米メディアは首相参拝と軍国主義の復活を絡《から》めている。再参拝すれば、米国世論の警戒を高める恐れがある。

もう1人の知日派、アーミテージ元国務副長官も「首相は選挙の公約を果たした。もう終わったことだ」と、再参拝はないとの認識を強調する。

中国は米紙ワシントン・ポストに寄稿し、首相批判を展開。再参拝となれば中国に対日批判の材料を与え、日韓関係の改善も遠のかせる。中国は東シナ海上空の防空識別圏に続き、南シナ海では外国漁船の操業規制を強化した。

中国を勢いづかせる流れを断つため、日米の仕切り直しに向けたきっかけをつくりたい――。そんな米側の希望をよそに、日本からは首相参拝 時の米側の「失望」表明について「共和党政権ではこんな揚げ足を取ったことはなかった」（自民党の萩生《はぎう》田光一《だこういち》総裁特別補佐）との声が上がる。

（傍点、引用者　2014年1月19日　日本経済新聞）

ここまでが新聞記事の引用である。

靖国参拝に反対した昭和天皇の真実の御製《ぎょせい》の歌の経緯《いきさつ》

このあとに私が、2007年に出版した本の中の「ザ・カルト・オブ・靖国《ヤスクニ》」論文の重要部分を載せる。私のこの文は、以後、日本の戦後史の歴史資料に属するものになると考える。

『最高支配層だけが知っている　日本の真実』（成甲書房、2007年刊）所収

安倍晋三の奇怪な変節と「ザ・カルト・オブ・ヤスクニ」――　副島隆彦　筆

この本のP25～P28を転載する。

「昭和天皇のコトバ・富田《とみた》メモ」は米国の意思がリークさせた

安倍晋三《あべしんぞう》首相は、昨2006年の9月20日に、自民党総裁選に圧倒的な強さで勝利した。そのあと、9月26日に、国会で首班指名《しゅはんしめい》（総理大臣に当選すること）を受けて組閣した。

そのあと、すかさず、10月8～9日には、アメリカではなくて、中国と韓国を訪問して胡錦濤《フー・ジンタオ》国家主席、盧武鉉《ノ・ムヒョン》韓国大統領と首脳会談を行なった。まずアメリカに行くのではなくて、中国と韓国に行ったのだ。

この最中の9日に、なぜか、北朝鮮がうまい具合に、例のお粗末な核実験（らしきもの、その後も浮遊核物質が検出されないので失敗説もある）をやってくれた（これにも実は裏がある）。これに世界の目を奪われて、安倍晋三の外交行動の奇怪さは露見しないで済んだ。

安倍晋三の表情は、このころから、うつろになり、まったく冴えなくなった。テレビで見ていても気の毒な感じになってきた。自分は一国の宰相である、という気迫が急速に消えて無くなった。加えて、しどろもどろの国会答弁をするようになって、「安倍は、（首相になる前の）7月まではもう少し威勢が良くて元気だったのに。一体何があったのか」と新聞記者たちまでが噂を始めた。一国の責任者としては、あまりにしょんぼりしている。もともとはこういう人ではない。タカ派のバリバリの右翼人間である。

２００６年７月20日に突如、アメリカべったりで親米派の代表である日本経済新聞に、富田朝彦《とみたともひこ》元宮内庁長官のいわゆる「富田メモ」が一面のトップで載った。それは、昭和天皇の、「今のような靖国神社には、（１９７８年以来、私は）お参りできない」という発言が書いてある日記であった。

このことは、昭和天皇のお気持ちとして、今の靖国神社では、私は参拝しないし、公式の戦没者の国家的な追悼施設として国際社会の理解も得られない、という天皇によるはっきりとした意思表示であった。なぜ、あの時、日経新聞に「富田メモ」というかたちで、靖国神社問題が噴出したのか。その謎が今、私は解けたのだ。

昭和天皇の靖国神社に関連した発言の「富田メモ」からの、昭和天皇の発言の全文は次のとおりである。

私は、或る時に、A級（戦犯たち14人）が合祀され、そのうえ松岡《まつおか》（洋右《ようすけ》）、白取《しらとり》（敏夫《としお》）までもが。筑波《つくば》（藤麿《ふじまろ》前の靖国神社宮司）は慎重に対処してくれたと聞いたが、松平の子の今の宮司がどう考えたのか、易々と。
松平《まつだいら》（慶民《よしたみ》）は平和に強い考（え）があったと思うのに、親の心（を）子（の）（松平永芳《まつだいらながよし》宮司）が知らず（だ）と（私は）思っている。だから私（は）あれ（1978年）以来参拝していない。それが私の心だ。

「昭和天皇、合祀に不快感靖国のA級戦犯に触れ」（共同通信　2006年7月20日配信、（　）内は引用者が加筆）

昭和天皇が1988年、靖国神社のA級戦犯合祀に不快感を示す発言をしていたとする当時の宮内庁長官、富田朝彦氏（故人）が書き残したメモがあることが関係者の話で20日、わかった。

昭和天皇は1978年にA級戦犯が合祀されて以降、同神社に参拝していない。メモは、明確になっていないその意図を探る貴重な資料であるとともに、小泉純一郎首相の靖国参拝にも影響を与えそうだ。

関係者によると、富田氏は同庁次長時代を含め、昭和天皇との会話を手帳などに書き留めていた。靖国発言のメモは1988年4月28日付。メモによると、昭和天皇は「私は或（あ）る時に、A級が合祀され、その上、松岡、白取《ママ》までもが」「だから私（は）

あれ以来参拝していない。それが私の心だ」などと語ったと記されている。「松岡」「白取」はA級戦犯としてまつられている松岡洋右元外相、白鳥敏夫元駐イタリア大使を指すとみられる。

（共同通信、同前）

このように、昭和天皇ははっきりと自分の考えを述べている。この天皇の意思と考えは、明らかにA級戦犯の指定《デジグネイション》者の合祀への反対である。平和を強く願う気持ちが表われている。そして新たな戦争に加担するような動きに対して強く戒《いまし》めている。戦後の指導者たちが、軽率な行動をとってはならないと警告している。

このあと、記者団に質問されて、小泉純一郎首相は、「人《ひと》（昭和天皇のこと）にはそれぞれの考えがある」と言い放って、昭和天皇の意思（大御心《おおみこころ》）を無視して、8月15日の首相参拝（最後の5回目）を強行した。

安倍晋三も同様であり、すでに5月に内閣官房長官として、こっそりと参拝していた。このことも、どこからの筋か不明だが、露見した。明らかに日本の保守勢力内部に大きな分裂と抗争の暗闘がある。それが、この富田メモの公表という時点で、はっきりと表に出た。

この7月20日の日経新聞の富田メモの突如の公表は、アメリカの意思も入っている。アメリカは、小泉と安倍に、靖国神社に公式参拝するな、アメリカは反対である。というはっきりとした意思表示をこの時、出したのである。小泉と安倍は、これに逆らった。

その前の五月に、日本の財界は、経団連と経済同友会の共同の声明で、小泉首相の8月15日の靖国参拝を中止するように求めた。それは、アジア諸国への配慮であり、中国との良好な関係が日本にとって重要だ、という趣旨からだった。この動きに対して、保守言論雑誌に、「金《かね》のことしか考えない財界人たちは黙れ。中国で金儲け（営利活動）をすることしか考えない財界人たちを批判する」という評論文がいくつも載った。

根っからの親米派であるはずの財界人たちを、日本民族派の保守言論人たちが糾弾《きゅうだん》する、という奇妙な構図が見えた。この時に日本国内に走った保守派内部の亀裂と分裂線が、その後の進展を物語っていた。

（ここまで　副島隆彦記『最高支配層だけが知っている　日本の真実』の
P25～P28から引用終わり）

（ここから『最高支配層だけが知っている　日本の真実』のP58～P61を引用はじめ）

「産経・古森《こもり》公開質問状」と「元国連大使」の愚かな行動

そしてちょうどこの時期に、前述した産経新聞の古森義久《こもりよしひさ》記者（ワシントン駐在特別委員・論説委員）による、玉本偉《たまもとまさる》外務省・日本国際問題研究所（略称、国問研＝こくもんけん＝）研究員への言論弾圧事件が起きた。

それは、２００６年８月27日付けの「ワシントン・ポスト」紙に載った、スティーヴン・クレモンス（ニュー・アメリカ財団《ファウンデーション》という研究所の研究員）の筆になる、〝The Rise of Japan's Thought Police〟「日本で思想警察の動きが起きている」と題する、古森氏の行動を批判する記事であった。

それは、５月13日付けの、外務省の外郭団体で外交研究所である「日本国際問題研究所（ＪＩＩＡ《ジェイアイアイエイ》）」のインターネット上への論文コーナーでの、玉本偉《たまもとまさる》氏の文章を槍玉に挙げてのものだった。

玉本研究員の論文は、周囲の反対を押し切っての小泉首相の靖国参拝の強行が、日本の右傾化を招き、この「ザ・カルト・オブ・ヤスクニ」The Cult of Yasukuni の勢力が台頭して、日本がアジア諸国で孤立する道を選びつつある、という危惧を表明した、きわめて端正《たんせい》な日本分析であった。そして、日本の右傾化が進めば、これに対する揺り戻しが国内から起きて、やがて穏健な勢力によって軌道修正が図られるだろう、という冷静な客観予測が書かれていた。

ところが、これに対して古森氏が筆誅《ひっちゅう》を加えた。ちょうど、自分がアメリカとの橋渡しをして安倍政権を誕生させる原動力のひとつになったことへの自負で有頂天になっていた時だ。力が余って、それで、この玉本論文を、「中国に迎合する反日《はんにち》の立場からの偏《かたよ》った言論だ」として論難した。

そして、「外務省の補助金で運営される研究所なのに、現在の日本の外交や安保を否定するような極端な意見の持ち主（玉本研究員のこと）に（海外向け発言を）任せる理由は何なのか。この『稿の結びを佐藤行雄《さとうゆきお》理事長への公開質問状としたい』」と書いた。

この記事に死ぬほど驚いて、慌《あわ》てふためいた日本国際問題研究所の佐藤行雄理事長は、我を忘れて、冷静さを失い、その生来の身に染みた官僚体質と事なかれ主義のせいで、この産経新聞の古森記事に動転して、いちもにもなく同意して、勝手に自分だけの愚かな行動に突っ走った。このネット上への英文での日本からの意見と情報の発信の場を自ら即刻閉鎖して、玉本氏を譴責《けんせき》して、それまでのすべての発表記事と英文論文までも削除の処分にした。

ところが削除しても削除できないのが「ミラーサイト」という複製機能をもつインター

ネットの仕組みだ。この愚か極まりない行動が、ただちに世界中の日本研究家たちから、一斉に批判の対象となった。

政府のお金が出ている研究所の言論と研究の成果を、理事長が自分の手で無かったことにして全面削除にして隠滅《いんめつ》してしまう、というのは、愚の骨頂を通り越して、狂気の沙汰である。この佐藤行雄という外務官僚（彼は国連大使もした人だから、主流派に属するそれなりの出世組なのだろう）は今、外務省内で、「佐藤はとんでもない判断違いをした」として軽蔑の対象になっている。

佐藤理事長は、8月18日付けで、産経新聞に坊主俄懺悔《ぼうずざんげ》の謝罪文を記事のかたちで載せた。産経の記者が「こんな文を本当に載せていいのですか」と念を押したそうだ。が、本人は、とにかく自分の責任を軽くして逃げ延びたい一心で、それで大きく墓穴を掘ることになる。およそ言論や研究機関の長になるにふさわしくない、いかにも日本的な役人の盲目的な猪突《ちょとつ》行動である。

自分が信頼して雇った有能な世界基準の英文を発信できる研究員の言論を、守ろうとするのではなくて、逆に部外者の右翼新聞の好戦派《ジンゴウイスト》の大物記者が書いた、それこそ偏った見解に全面敗北した。それで、すでに発表した記事まですべて削除処分にするなどという、許すべからざる行動に出たのである。

ここで念を押すべきは、一民間の新聞紙の言論が、政府の補助金で出来ている国の研究機関の言論に対して、言論弾圧をする、ということは法律学的に成り立たない。言論弾圧なるものは、政府機関や公務員が、「この評論文は我々、政府にとって好ましくない」などと発言することで成り立つものだ。

民間人どうしの理論の衝突は、それは、「互いの意見の相違。考えのくいちがい」と言うのであって、言論弾圧とは言わない。しかし、政府への自分の影響力を笠《かさ》に着て、古森氏が、論文や記事に対して、「それは反日《はんにち》的であるから、政府の子会社の機関は、その者を辞めさせせよ」と書いて、「公開質問状とする」などと威張り腐るのは、これは、単なる言論の自由（権）の行使ではすまない。自分を大人物だと思い違いした権力人間だ。

そしてそのあと前出のクレモンスの反撃記事が出た。このニュー・アメリカ財団（ファウンデーション）のクレモンス研究員による更なる古森批判の文は大きな反響を呼んで、世界中の日本研究家（ジャパン・ハンドあるいはジャパン・エキスパート）たちの共感を呼んだ。

そして、これに対して古森氏が今度は、「私は、右翼勢力など支援していない」"I Don't Back Extremists." というクレモンス研究員への反論文を書いてワシントン・ポスト紙に投稿したのが11月11日である。しかしもう遅い。

今さら古森氏がいくら言い訳をしても、彼がやった卑怯で愚かな行動は取り消せない。彼はワシントンDC《ディーシー》のネオコン勢力の政府高官や研究所員たちと幅広く付き合っている。だから「ネオコン派などというものは存在しない（私たちは、正義そのものなのだ）」というような、独善と思い上がりの文章ばかりを古森氏はずっと書いてきた。そろそろ彼の新聞記者人生もここらが年貢の納め時だろう。

このような事件が安倍政権の誕生の背後で起きていたのである。小さな筆禍《ひっか》事件のように思われるが、この事件が、安倍政権の船出に大きな影を落とした。「安倍たちは、どうも恐ろしい東アジア独特の宗教団体にからんでいるのではないか」という疑いが、アメリカの政・官界で今、囁《ささや》かれているのである。

（ここまで『最高支配層だけが知っている　日本の真実』P58～P61を引用終わり）

このように私は、2007年刊行の弟子たちとの論文集で書いた。この本は、今でも私たちの学問道場のサイトで買える。出版社に注文してもいいし、アマゾンの中古本でも買える。読みたい人は買って読んでください。

私は、自分が2007年に書いた、この「安倍晋三とザ・カルト・オブ・ヤスクニ」論文は、やがて日本政治史の歴史資料になる、と自負する。

そして、もう一本、歴史資料になるであろうと思われる雑誌記事を載せる。『選択』という月刊の政治・経済の高級誌（馬鹿ではない日本の企業経営者層5万人に定期購読されている）の、昨年の2月号に載った連載の評論文である。書き手（筆者）は、岩井克己《いわいかつみ》氏という〝皇室ライター〟と呼ぶべきか、朝日新聞の記者で長年、宮内庁の記者クラブに所属したであろう人が書いた素晴らしい文である。

私、副島隆彦が、フェア・コメント（公正なる論評）を前後に書き加えているので、以下の岩井文を長く引用することを許していただきたい。

書き手への深い敬意を表し、かつこの文は日本国の戦後政治の歴史資料になる重要なものである、と私は判断するので、ほとんど全文を以下に引用する。

『選択』誌　2013年2月号「靖国の名に　そむき　まつれる」
宮中取材余話　連載54　皇室の風
岩井克巳

●　靖国の名に　そむき　まつれる

富田朝彦《とみたともひこ》元宮内庁長官から電話があったのは、徳川義寛《とくがわよしひろ》元侍従長が死去したあと、生前の証言をまとめて『侍従長の遺言』（一九九七年一月、朝日新聞社刊）と題し出版した直後だった。

「読んだよ。本当によく書いてくれた。よくぞ徳川さんから聞き出してくれた。ありがとう、本当にありがとう」

それだけである。徳川証言のどこがどうとは一切言わないので、その感極《かん》まった声に当惑したのを覚えている。長いつきあいだったが、あちらから電 話をくれたのは後にも先にもこの時だけだ。

ずっと忘れていたが、うかつにも最近になり思い至った。富田は、晩年の昭和天皇から靖国神社のA級戦犯合祀への思いを聞かされ、それを誰にも言えず一人悶々《もんもん》としていたのではないか。徳川証言で一端が世に明かされ、ようやく胸のつかえがとれたのではなかったかと。徳川は、七八年に、靖国神社 がA級戦犯を含む合祀予定者名簿を届けに来た時、自分は異議を唱えたと証言した。

「私は、東條英機さんら軍人で死刑になった人はともかく、松岡洋右《まつおかようすけ》さんのように、軍人でもなく、死刑にもならなかった人も合祀するのはおかしいの じゃないかと言ったんです。永野修身《ながのおさみ》さんも死刑になっていないけれど、まあ永野さんは軍人だから。（略）靖国神社には、軍人でなくても消防など戦時下で働いて亡くなった人は祀《まつ》っている。しかし松岡さんはおかしい。松岡さんは病院で亡くなったんですから」

「靖国神社は元来、国を安らかにするつもりで奮戦して亡くなった人を祀るはずなのであって、国を危うきに至らしめたとされた人も合祀するのでは異論も出るでしょう」

しかし靖国神社は松平永芳《まつだいらながよし》宮司が合祀に踏み切った。以後、天皇の靖国参拝は途絶えた。後年、八六年八月十五日に詠まれた御製が発表された。

この年の　この日もまた　靖国の　みやしろのことに　うれひは　ふかし

徳川は「合祀賛成派の人たちは、この歌も自分たちの都合のよいように曲解した」と怒っていた。半世紀も侍従を務め、何事にも慎重で口の固かった徳川の強い語調に「天皇が徳川の口をして語らしめている」と感じた。

靖国神社を天皇が参拝しなくなった理由がA級戦犯合祀への不満だとすれば事は重大だ。徳川は合祀に異を唱えたのは自分だ、と語ることで、安易に合祀を推進した人たちへ天皇が突きつけようとした「切っ先」を身を挺《てい》して押しとどめ、天皇が浴びるかもしれない「返り血」をも防いだのだろう。

筆者はこの徳川証言を、九五年八月、朝日新聞の戦後五十年の連載企画として紹介した。しかし、一部の近代史研究者を除《のぞ》き目立った反響はなく、天皇や首相の靖国参拝を求める人たちからも黙殺された。徳川の「間接話法」は十分には通じなかった。

徳川は九六年二月に死去し、富田も二〇〇三年十一月に死去した。

そして〇六年七月、小泉純一郎首相が靖国神社参拝を宣言し国内外の反発も巻き起こるなか、日本経済新聞が富田の日記と「富田メモ」を特報した。一九八八年四月二十八日付のメモに「直接話法」の記録（引用者註。昭和天皇自身のお言葉という意味）があった。

「私は或る時に、A級が合祀され その上松岡、白取（白鳥敏夫）までもが、筑波《つくば》（藤磨《ふじまろ》前宮司）は慎重に対処してくれたと聞いたが 松平の子の今の宮司（松平永芳《まつだいらながよし》）がどう考えたのか易々と（父の）松平慶民《まつだいらよしたみ》は平和に強い考があったと思うのに親の心子知らずと思っている。だから私あれ以来参拝していない それが私の心だ」

（ ）内は筆者

実は富田の日記は、筆者（引用者註。岩井克己氏）の先輩で富田とは長く親しかった元朝日新聞記者が死後間もなく遺族から段ボール箱で渡され、公刊の可否を相談されていた。一通り目を通し「出版は難しい」と返却したという。それにはメモは含まれていなかった。日経によると、記者が日記とメモを入手したのは〇六年五月。小泉首相の参拝問題が内外の激しい議論を呼んでいる時期に端《はし》無くも重なったという。

この頃、筆者は侍従職事務を長年仕切った卜部亮吾《うらべりょうご》侍従から死去直前に託された日記の公刊準備を進めていた。八八年四月二十八日の日記には、富田と卜部が順次天皇に呼ばれ「靖国の戦犯合祀と中国の批判、奥野（誠亮・元国土庁長官の）発言のこと」を聞かされたと記録されていた。

また後年の日記に卜部は「靖国神社の御参拝をお取り止めになった経緯、直接的にはA級戦犯合祀が御意《ぎょい》に召さず」と記していた。富田メモが昭和天皇自身の発言であることがほぼ裏付けられた。（略）

徳川は間接話法で語って逝《い》った。富田は恐らくメモを公にするつもりはなかったが、かといって廃棄もしかねたまま世を去った。卜部《うらべ》は中身は書かず天皇の発言があったことだけ記録した。

天皇は「私の心」を露わにすることを強く制約される。側近も口外しないのが基本である。しかし、それぞれに戦争への天皇の悔恨《かいこん》と平和への強い思い、それを理解しない者への怒りと哀しみという「私の心」を聞かされた。その重い「遺言」は自分限りで闇に葬ることが出来なかった。死してなお、天皇の思いはあたかも「歴史における理性の狡智《こうち》」（ヘーゲル）のように後世に蘇《よみがえ》った。

筆者は聞き書きの作業中、生前の徳川から御製集《ぎょせいしゅう》『おほうなばら』を数日間貸してもらったことがある。ページをめくっていると、小さな短冊がはさんであるのに気づいた。鉛筆の走り書きである。後日尋ねると徳川は「発表をとりやめた歌です」とだけ答えた。「これこそが昭和天皇の元の御製《ぎょせい》に違いない」と思った。短冊にはこう記されていたのである。

靖国の名に　そむき　まつれる　神々を　思へば　うれひの　ふかくも　あるか

（敬称略）

（引用終わり）

この昭和天皇の真実の御製の和歌を私が解釈すると次のようになる。

「靖国の名に背《そむ》いて、祀《まつ》られることになった、東條英機以下の、自分に最後まで忠実であったが、しかし誤った戦争を開始し指導して世界を敵に回したことの非がお前たちには有る。私、天皇としては、世界に向かって、自分自身の非も詫びたのだから、誤った戦争指導をしたお前たちの霊までも、この度（1978年に）、愚かにも祀《まつ》ってしまった靖国神社に、私は拝みに行くわけにはゆかないのだ。私の憂いは深い」であろう。

真実はこの皇室記者である岩井克己氏の書いた通りである。私たちは、私たちのこの日本国が、本当は王国（キングダム。モナーキー。君主制国家。ただし、その内側がデモクラシー＝代議制民主《みんしゅ》政体＝になっている）であると知っている。だから私たちの国王であった故・裕仁《ひろひと》天皇のお言葉とご遺志に私たちは従わなくてはいけない。だから、日本国という組織・団体を引き継ぐ責任者である首相と大臣たち（閣僚）だけは、ずっと継続している日本国の今の代表者であるから靖国神社に参拝することは許されないのである。参拝するとサンフランシスコ講和条約への違反となる。

靖国問題の何が問題なのか？

ここでもう一つ説明しなければいけないのは、「無《む》名《めい》戦士の墓」という言葉についてである。これは英語では the Tombs of Unknown Soldiers ザ・トゥームズ・オブ・アンノウン・ソルジャーズと言う。戦場で死んだ多くの兵士・軍人たちの慰霊碑《メモリアル》であってどこの国にもある。いつどのように死んだのか、あるいは誰の遺骨だかわからなくなった、戦争で死んだ兵士・軍人たちを集合して国家として祀っている慰霊碑である墓、という意味だ。日本ではこの「無名戦士の墓」の役割を靖国神社（二四〇万柱《はしら》が収められている）が果してきた。戦没者が確認、特定できない場合は、千鳥ケ淵の戦没者墓苑《ぼえん》に入れるとされる。

そしてこの世界基準での無名兵士の墓であった靖国神社に、戦争責任を問われた戦争指導者である。東條英機以下が祀られている。繰り返すが東條たちを死刑にした側がそこにお参りに行くわけがない。ここを私たちはわかるべきなのだ。このことがわからないから、日本人は指導者以下、国民が、ぼーっとしたまま、アメリカ政府や外国人たちが靖国問題の何を問題にしているのか、がわからない。誰も説明しないから誰も知らない。「どうして靖国に参拝していけないの。外国があれこれ言うのは内政干渉だ」と、今も多くの日本人が思っている。だから世界と対立関係に入ってしまった。この問題は日本国民の側がよくよく考えないと、ちょっとやそっとのことでは解決しない。アメリカは今も怒っている。

「千鳥ケ淵墓苑で献花＝米国務長官ら」

米国のケリー国務長官とヘーゲル国防長官は10月３日午前、東京・三番町の千鳥ケ淵戦没者墓苑《ぼえん》を訪れ、献花した。同墓苑は、身元不明の戦没者や民間人の犠牲者の遺骨を納める国立施設。献花は米側の要望によるもので、外国要人の訪問は初めてだ。同墓苑は宗教色がなく、Ａ級戦犯が合祀（ごうし）されて閣僚の参拝が中韓両国との対立の種になっている靖国神社と異なる。米閣僚の訪問には、戦没者の追悼をめぐり、冷静な態度を維持するよう日本を含む各国に促すメッセージが込められている可能性もある。

（２０１３年10月３日　時事通信）

１９７８年に松平永芳という、その時の靖国神社の宮司（神官たち）の長がいて、その人の判断でＡ級戦犯を合祀してしまった。筑波藤麿《ふじまろ》という宮司の長は慎重に判断した。その次の松平慶民《よしたみ》も、東條英機以下のA級戦犯の人たちを靖国に祀ることをためらった。ところが、その息子の永芳《ながよし》が宮司の長になって、この人が1978年に合祀してしまった。

それで、それを知った昭和天皇の驚きの発言が出た。それが「富田メモ」である。どう言ったかと再度、書くと、「筑波は慎重に対処してくれたと聞いた。松平の子の今の宮司がどう考えたのか。易々と。（父親の）松平（慶民）は平和に強い考えがあったと思うのに。親の心子（松平永芳）知らずと（私は、すなわち昭和天皇は）思っている。だから私はあれ以来参拝していない。それが私の心だ」というのが富田メモだ。

この天皇発言を虚偽だとか否定する人はもういない。

この「昭和天皇のコトバの富田メモ」が2006年7月20日の『日経新聞』の1面記事に、突然ばーんと大きく載った。この「富田メモ」を『日経新聞』の1面に載せた勢力が日本国内にいるということだ。はっきり言うと、これはアメリカ政府の意向を受けた日本の財界人たちだ。大企業の経営者の連合体だ。トヨタや松下やその他、東芝やNECでも日立とかのそういう大企業の意思だ。ということは、日本の財界人（大企業の経営陣）と日本の愛国・民族派や右翼と言われている人たちとが敵対関係に入っている。

昭和天皇がストライキをして、A級戦犯が合祀された1978年からは、二度と靖国神社にはお参りに行かなかった（1989年1月7日崩御《ほうぎょ》、87歳）。

2013年10月3日。ジョン・ケリー国務長官とチャック・ヘーゲル国防長官は靖国神社ではなく、千鳥ヶ淵の戦没者墓苑に献花した。以後、外国の首脳たちはこのようにするだろう。
写真提供／共同通信

昭和天皇という人は、戦前、そして戦争中も日本国の元首、ソブリン（国王、主権者）だった。昭和天皇には優れた判断力があった。天皇の名前で「終戦の詔勅」というのを出して敗戦（戦争に負けたこと）を受け入れている。正確には「朕《ちん》は、（日本）政府をして（連合側が出してきた）ポツダム宣言を受諾せしむ（させる）」と言った。だから何でもよくわかっている。天皇は敗戦後、世界即ち、The United Nations《ザ・ユナテッド・ネイションズ》 に対して謝罪した。そして日本は、戦後の世界体制であるこの The United Nations に入れてもらった。✕「国連」に加盟したわけだ。ドイツもイタリアもそうした。頭を下げて入れてもらったのだ。

東條英機たちは、最後まで昭和天皇の忠実な部下だった。昭和天皇自身も東條たちのことを自分の家来で忠臣だと思っている。この合祀した14人の中に、首をつられた7人の中にひとりだけ文官（シビリアン。軍人でない）である広田弘毅《ひろたこうき》がいた。彼は外務大臣を日中戦争の開戦時（日華事変の日。1937年7月7日）にしていた人だ。他の6人の軍人（すべて陸軍だけ。海軍はひとりもいない。このことが今ものすごく問題である）とともに中国との戦争開始責任を問われた。それと人道《ヒューマニティ》に対する罪、と言って南京大虐殺《ナンキン・ナッキング》（ナンジン・アトロシティ）などの残虐行為の責任を問われた。

白鳥敏夫（イタリア大使をした）と、それから松岡洋右（外相だった）たちに対する昭和天皇の怒りがあった。松岡洋右やこの白鳥それから大島（浩。ドイツ大使をした。陸軍中将だった）たちが、日独伊軍事同盟を推進して積極的に動いた。昭和天皇はもうひとつの別の天皇のコトバの聞き書きメモである「寺崎英成《てらさきひでなり》のメモ」の中では、「松岡が勝手なことをした。私には止めようがなかった」という言い訳じみた言葉を残している。ヒロヒト天皇は松岡洋右や平沼騏一郎《きいちろう》が嫌いだった。

松岡と白鳥は戦場で死んだわけでもなし、死刑になったわけでもない。１９４９年か50年ごろに巣鴨プリズン（刑務所）で服役したまま死んでいる。戦後5年ぐらい生きている。死刑になったのでもなく戦争で死んだわけでもないのに、靖国神社にその霊魂を宮司の松平永芳が祀ってしまった。そこに自分がお参りに行かなければいけない。天皇という人は特殊な人だから、お参りするという時、きっと本心で本気で拝むと思う。形だけではない。それで自分がお参りする時に我慢がならないという判断になった。

日本は再び世界を敵に回してはいけない

しかももっと大事なことは前述したとおり、日本は世界を敵に回してはいけないということだ。昭和天皇は１９７８年10月23日に、日中平和条約の「批准書《ラディフィケイション》の交換」の名目で鄧小平《とうしょうへい》が来た時に会談している。この時に天皇は、中国の最高指導者である鄧小平に、「戦争中に日本は貴国に大変なご迷惑をおかけしました」と深く謝罪した。鄧小平は、「その時、私は背中に電気が走るようなショックを感じた」と発言している。国家と国家の最高責任者たちは、そういう正直なコトバのやり取りをする。元首というのはそういう人たちだ。そして1992年に今の天皇が訪中している。

そして、この昭和天皇が詠んだ歌が後ではっきりした。

「靖国の名に　そむき　まつれる　神々を思へば　うれひの　ふかくも　あるか」という前述した和歌だ。

靖国の名に、背いて1978年から祀られることになった神々である東條英機たちのことを思えば、私の憂いは非常に深い、と詠んだ。

この富田メモと岩井克己記者の文を証拠にしてわかることで、一番大事なことは、日本は世界を敵に回してはいけないということだ。これは私、副島隆彦が長い間主張してきた考えと同じだ。ワールド・ヴァリューズ　world values というのがあって、それは世界普遍価値観とか世界基準の考え方ということだ。この世界普遍的に通用している価値観に反したことを日本はしてはならない、ということだ。日本が世界を敵に回すと、再び孤立して、また大変なことになる。

だから日本の現職の首相と大臣たちだけは、靖国神社を参拝してはいけない。日本という国家組織が戦前からずっと続いていてその代表者なのだから、世界（今の連合諸国《ユナイテッド・ネイションズ》の体制）との約束を守らなければいけないのだ。世界（国際社会）はこのことを言って、日本政府が勝手にやっていることを非難しているのだ。靖国神社には東條たち国際社会から戦争犯罪者《ウォー・クリミナル》として処断された者たちが祭られている。ここを日本の首相が拝みに行くことは世界が許さないのだ。ここの重大な、肝心のところをわからないで、わざとこの重大問題をすっ飛ばして「どうして国のために死んだ軍人（英霊）を祀っているところに参拝しに行ってはいけないわけ」としつこく言う。そういう人間は愚か者である。

このまま日本は孤立し、暴走するのか？

自分の感情や情緒だけを中心に、自分勝手な理屈を組み立ててはいけない。世界で通用しない考えを振り回してはいけない。「うるさい。日本人だけがわかることがあるんだ。外国人にとやかく言われたくない。内政干渉だ」と言うのは居直りだ。この日本国内（日本人）だけで通用する居直りの言論を許してはいけない。日本は70年前に戦争で負けた国なのであって、アメリカとロシアと中国とイギリスたち連合諸国《ユナイテッド・ネイションズ》から挟み打ちに遭って、包囲されて負けた国だ。もう70年も前のことだ。しかし連合国側はこの時に出来た世界体制を今も続けている。これに反逆することは無謀である。「日本だけが悪かったのではない」という居直り方をすると、今の世界体制をつくっている勝った側は許さない。

安倍首相の行動を強固に支持している者たちの今の動きは、今後恐ろしいことにつながると考えなければいけない。私たちは事態を軽く見ている。将来に向かって楽観的な考えをしている。このまま行くと、日本は中国と軍事衝突（ミリタリック・コンフラグレイション militalic conflagration）をさせられることになる。軍事衝突はそのまま戦争（ウォーフェア warfare）ではない。戦争の2歩手前だ。しかし、軍事衝突は戦争《ウォーフェア》につながってゆく。日本国民は茫然として判断停止状態に陥っている。この今の事態を危険な時期だと真剣に考えなければいけない。

このままでは日本は危ないことになる。方向転換をしないと、このあと日本は世界から孤立したまま勝手に暴走することになる。かつての同盟国《アライ》 ａｌｌｙ で軍事同盟を結んでいたドイツでさえ日本の肩を持たないだろう。本当に。ここで深刻に考えないと、私たち日本人はこのあと道を誤る。

日本国内では、今も安倍首相と自民党は国民の70％ぐらいの多数の支持率を持っている。国会議員の数も選挙で圧倒的に勝っている（衆議院は2／3近く、参議院も過半数だ）。国内に公然たる反対勢力はいない。国内に反対勢力がいないということは、このあとも安倍内閣の独裁政治が続くということだ。こういう時に政治力学的な戦いとしての対立の均衡点というか、つばぜり合いがどこで行われるかというと、目もりがずっと外側にまでズレて、諸外国との対立になった。拮抗《きっこう》点がずっと外側にずれて諸外国あるいは世界との関係で均衡《バランス》してしまっている。

そのように、冷静に政治を見る目で考えざるを得ない。今や日本は仕組まれた危険な戦争への道を歩みつつある。

中国を嫌い、韓国をののしる人たち

この半年間、日本のムードは中国嫌いの反中国論よりも、嫌韓《けんかん》論といって、韓国をひどく嫌う風潮をつくってきた。『悪韓論《あっかんろん》』という愚劣な本まで出ている。韓国や朝鮮民族を、とにかく貶《けな》すという国内の雰囲気が、２０１３年後半から強く湧き起こっている。『週刊文春』や『週刊新潮』が、毎週のように韓国の悪口記事を書いて載せてきた。小学館の『ＳＡＰＩＯ』でもそうだ。サッカーのワールドカップの試合の、２００２年の日本と韓国の共同主催の時から始まったらしい。韓国人観客席のマナーがひどく悪いとか、八百長をやるとか、態度がでかいとか、ずるい国民であるという、感情と生理と情緒の面からの軽蔑と侮蔑のところから湧き起こってきたものらしい。しかしこれらは周到に計画的に煽動することでつくられてきた外国嫌いの拝外主義《はいがい》（ショービニズム　chauvinism　あるいはゼノフォビア　xenophobia）である。極めて悪質な国民煽動である。

日本人は韓国人をとにかく見下そうとする。愚かなもの、劣った生き物として見下したい。対等な人間というよりも下品な人間として下に見たいという気持ちになっている。公然たる差別感情である。目の前の劣等な人間に対する侮蔑の感情である。これらの劣情は具体的に韓国人、中国人から自分がイヤな目に遭ったとか、不愉快な仕打ちをされた、ということではないようだ。思考が洗脳を受けると、無性に気持ちが悪くて、悪寒《おかん》が走る感情を抱くようになってくる。

下品で嫌な民族だから見下して軽蔑する、という感情が湧き起こっている。これを助長する動きが、愚かな書き込みをインターネット上にする「ネトウヨ」と呼ばれる軽度の知能障害者らしい者たちによって、下劣な文章の大量の書き込みとなって行なわれている。今の韓国の朴槿恵（パク・クネ）大統領が安倍支持者層にひどく嫌われている。「あの女は許せん。態度が横柄だ」と朴槿恵の悪口を言うことが、今の日本では愛国者で民族派だと思われている。おかしな風潮になってきた。

本来は「アジア人どうし戦わず」であるべきなのだ。アジア人どうしで仲良くしなければいけない。大（おお）アジア主義と言って、アジア人どうしは団結して、欧米白人の優越的な、上からいろいろと押しつけてくる白人文明の力に対抗して、これをアジア人どうしで協力し合ってはね返していくべきなのだ。アジア諸国の団結と繁栄をつくらなければいけない。それが大《おお》アジア主義である。それなのに今の日本の現状は、とにかく中国のことを嫌い、韓国のことをあしざまにののしる姿になってしまっている。悲しいことである。

その理由は、朴槿恵大統領がアメリカの議会の議場で、英語で一所懸命に「自分たち韓国人は、アメリカと一緒に戦って日本の軍国主義を打ち倒したんだ」と、そういう演説を2013年5月8日にした。アメリカ連邦議会（上院と下院の合同）で、この演説は大変受けて、議員たちが何度も総立ち（スタンディング・オーベイション）になって拍手をした。自分たちはアメリカ人と共同利害、共同感覚を持っている国なのだと演説をした。

ヨーロッパ諸国に行っても同じような演説をしている。フランスの議会でもフランス語で演説して大変評判が良かった（2013年11月4日）。このことが日本にはね返ってきて、日本国内で朴槿恵に対する強い反感になって表れた。

世界の首脳がたくさん集まったG20《ジートゥエンティ》（2013年9月5〜6日）で、安倍首相に対して朴槿恵大統領が顔を背けたとか、口もきかなかったとか、そういう場面であらわれた。日本国内の指導者層が生意気な女だということで、韓国いじめを始めた。

しかし朴槿恵にしてみれば、国際社会に訴えるというか、「言いつける」という気持ちがあるに決まっている。なぜそういう感情が起こるかは、先ほど言ったように、日本は過去に世界を敵に回して愚かな戦争をしてしまったからだ。それは1931年の満州事変（9月18日。柳条湖という都市での関東軍による満州鉄道の爆破工作。これを口実にして中国側に総攻撃を開始した）の時から、と世界歴史ではされる。それから83年がたつ。韓国を併合して植民地にしたのはもっと早い1910年だ。植民地にされた国が怒りと憎しみを持たないはずがない。愚かな戦争を日本が仕掛けたのだ、という事実を認めて、世界に向かって反省し続けなければいけない。ではいつまで日本は謝罪（＝反省）を続けなければいけないのか。「いつまでも、いつまでも日本は謝まれと言われ続けて不愉快だ」という感情の鬱積《うっせき》となって日本国内から反発が現われている。それが安倍首相を支持する声となって表われている。次の世界大戦が起きて、大動乱となってそしてそれが終わる時までらしい。このようにして安倍晋三たちは無意識に次の戦争を求めている。

安倍晋三たちは日本の民族の魂や誇りや優越感情を振りかざして、世界が自分たちに勝手な考えを押しつけることに反対するという態度（＝構え）を必ず取る。日本の保守言論人たちはみんなそうだ。西尾幹二氏に代表される言論だと思う。渡部昇一氏とかもそうだ。そういう態度ではいけない。それは愚か者の態度だ。世界を敵に回したら大変なことになるからだ。日本の右翼や右翼（保守）言論人たちは甘えている。日本の今の自民党の指導者や保守言論人たちは、世界にけんかを売って勝てると思っているらしい。

だから、昭和天皇（裕仁《ひろひと》天皇）がこの危険な風潮《ふうちょう》を警戒して先手を打ったのだ。昭和天皇が14柱《はしら》のA級戦犯の勝手な合祀に対して1978年に怒った。だからあの合祀の考えを否定して、今後は、日本のUnknown Soldiers《アンノウン・ソルジャーズ》のTomb《トゥーム》、すなわち「無名戦士の墓」である千鳥ヶ淵の戦没者の墓苑（国の施設である）のほうを、日本の正式の「無名戦士の墓」としなければいけない。ここに各国の元首（大統領、首相、国王たち）が進んでお参りに来るだろう。もう靖国神社を元に戻すことはできない。神社（シュライン）という日本神道《シントウイズム》の宗教的建物に外国の元首たちは参詣することを忌避《きひ》する。だから以後は、千鳥ケ淵戦没者墓苑を日本国の無名戦士の墓とする、と世界に向かって公表すべきだ。そうしないと外国の元首たちは日本に来ても花輪を持って行く先がない。

日本人の情緒としては、靖国参拝は正しい

安倍晋三は感情としては正しいのである。安倍晋三が靖国神社に参拝したのは、ひとりの日本人の個人の感情、情念、情緒としては、正しい。安倍は靖国参拝したその日に、「自

分が（7年前に首相だった時に）靖国に参拝しなかったことが痛恨の極みだった」と公言した。御《お》国のために戦争で死んだ軍人、兵士たちの御霊に追悼の意を表明して真心からの崇敬《すうけい》の念を表すために参詣するのは、先祖の霊を祀る日本人として正しい行動だ、と安倍晋三は今も堅く信じている。日本国の首相としての靖国参拝という行動を、どうして諸外国がこんなにも嫌って非難するのか理解できない。安倍の個人の主観と思い込みと信念としては首相の靖国参拝は間違いではない。安倍晋三の主観としては正しいのである。

だが、一国の首相としての靖国参拝は許されない。前述したとおり日本国の代表者としての靖国参拝は世界から禁止されていることなのだ。同じく大臣たち（閣僚）の参拝も禁止される。国際社会、即ち今の世界体制がこれを許さない。

再度書くが、日本国という組織体はずっと継続しており、国際社会がサンフランシスコ講和条約（平和条約。１９５１年9月。48カ国と同時に結んだ。翌52年4月28日発効）を締結した。この時に世界に向かって日本は戦争（その開始、遂行）責任を謝罪した。その上でザ・ユナイテッド・ネイションズ（連合諸国）に迎え入れられた。だから１９５１年9月8日から、日本は連合諸国に加盟して、世界の平和（世界の秩序、現在の世界体制）を守るべき世界の一員となった。団体としての日本国は、戦争責任を認めているのだから、その首相が、現在の世界体制（世界秩序）に逆らうように思える（外側の目である、外国からは明らかにそのように見える）行動を取ってはいけないのである。

今度の安倍の違反行動で、日本は世界から疑惑の目で見られることになった。アメリカ（政府）はあれほどに事前にしつこく、何カ月にも渡って「行くな。行ったら重大な問題になるぞ」と説得あるいは要求していた。この経緯《けいい》も今や明らかである。アメリカは「日本国首相としての靖国参拝は許さない」とはっきりと警告していた。その事前の制止を振り切って公人《こうじん》（public personage《パブリック・パーソネッジ》）としては安倍は靖国に参拝してしまった。「私人（一個人）としての行動である」はもう通用しない。

このことの責任問題が今も追及されている。「もう済んだことだ」とは、アメリカ始め諸外国は言っていない。少しも言っていない。

もう済んだことだ。さあ次の課題問題に移りましょう、と思っているのは安倍晋三本人と回りのお仲間たちだけである。困った事態は、だから今もずっと続いている。このままズルズルと続いてゆく。「もう済んだことだ」では済まない。国際社会（今の世界体制）は、やっぱり安倍晋三を許さないだろう。彼はどうせ首相の座から引きずり降ろされる。そういう瀬戸際に今も立っている。

それなのに日本国内は安倍（の態度）支持の国民が7割ぐらいいる。誰も大きな世界基準《ワールド・ヴァリューズ》の真実を教えないからだ。それでも国民は、何だか変な雲行き（様子）になってきたなあ、と肌合いでは感じている。どうしてアメリカを筆頭にして世界中がこんなに日本に対して首相の神社参詣ひとつのことで、こんなにも目くじらを立てて批判的なのかが頭で理解できない。理解できないまま、一杯飲み屋で、30代、40代のサラリーマンたちが「どうして靖国に参拝しに行ったらいけないんだよ。いいじゃないか戦争で死んだ人たちの霊を安らかなれと拝みに行くんだから。何故ダメなんだよ？」と言い合いをしている。

もっと微細《びさい》に観察すると、安倍支持である7割の国民のうち4割は安倍から少し離れた。「理由は自分にはよくわからない。わからないのだが、政府は穏やかな行動を取るべきなんだ。世界（中）を敵に回してまで、安倍さんが参拝するのはよくないよ。そこまでは私たちはお願いしていないし、余計なことまでやってくれとは国民は頼んでいないよ」と態度を変えたようだ。

すでにこの4割の国民は態度（意見）を変えた。その中心にあるのは「何が原因かわからないがアメリカとケンカするのはよくない」という素朴な国民判断である。しかし、日本国内は、今も自民党内のタカ派勢力である安倍政権が制圧している。圧倒的な力で日本国内の言論や報道（テレビ、新聞、雑誌）は、安倍政権の意向と威光に従っている。公然たる安倍政権批判が国内から出ない。まったく出ない。

弱小野党たちは、「安倍首相の靖国参拝は間違いである。近隣諸国（アジア諸国）の人々の感情に配慮すべきだ」と反対声明を出している。しかし政党としての政府批判の論調は低調であり、ほとんど国民に届かない弱々しいものだ。テレビ・新聞はすべて安倍政権に今も抑え込まれている。

日本国民は世界平和を選ぶのか？ 安倍首相を選ぶのか？

安倍晋三は、自分の信念がそんなに正しいのだったら、それなら断乎として正直に次のように言うべきなのだ。

「私、安倍晋三は、日本の多数国民の意思を代表して、日本国首相としてはっきりと言います。日本は現行の世界秩序に反対する。今の連合諸国《ユナイテッド・ネイションズ》が管理し運営し支配する世界体制が私は気に入らない。だから、もう一度戦争をしてでも、日本国の意思としては、今の世界の有り方をつくり変えたい。これが私の本心だ。私はヤルタ会談＝ポツダム宣言受諾＝サンフランシスコ講和条約に基づく連合国側が、日本に押し付けた今の秩序を、もう一度壊したい。

私の祖父の岸信介は、1941年12月に太平洋戦争を開始した時の東條英機内閣の商工大臣だった。だから敗戦後はA級戦犯の指定《デジグネイション》を受けた。だから私は祖父の霊《れい》が私に命じるのだが、アメリカとロシア、中国、イギリス、フランス（5大国）が日本に押し付けた今の日本の有り方に大いに不満である。これらを一度大きく変更したいと思っています。これが私の本心だ」

と、安倍晋三は、素直に正直に世界に向かって公言すればいいのだ。安倍は、「中国や韓国の人々の感情に反する気持ちは毛頭ありません」（2014年1月22日。スイスのダヴォス会議での安倍晋三演説）とか、「もとより（私の靖国参拝には）中国あるいは韓国の人々の気持ちを傷つける考えは毛頭ない」（2013年12月26日の靖国参拝の日の記者質問への発言）と言った。そして大騒ぎになってから火消しにやっきになって「不戦《ふせん》（二度と戦争をしない）の誓いを新たにするための参拝でした」（1月24日。世界中の在外公館への外務省からの一斉《いっせい》の説明指図《さしず》）というような、意思薄弱で軟弱な、言い訳じみた、煮え切らない、あいまいな表明に変えた。こういう二枚舌の不正直はやめるべきだ。

どうせ世界の側（諸外国）は、安倍の意思（考え。頭の中味）を正確に解読している。どうも安倍晋三という日本の首相は、日本国民の中にある鬱積《うっせき》した不満と、わだかまりを背景にこのような不気味な行動に出ている。安倍の行動に現れる日本の隠れた意思は世界（秩序、体制）を敵に回してもう一度戦争を仕掛けたいというところまで来ているようだ。これは現行の世界秩序に対する危険な動きの兆候《ちょうこう》である。この危険な芽は早目に摘み取らなければいけない。早いうちに対処して、日本が世界への反抗国家とならないうちに、日本の国民意識が不満の爆発を起こして暴走する前に、上手に処置しなければいけない。このように世界は考えるだろう。

このあと、大声で「安倍首相は正しい」と周囲に叫んでそれで、「私たちも靖国に参拝に行こう」という国民大衆の動きがでてくるだろうか。私はじっと事態を見つめている。今のところ、国民感情はこの問題で表面で激高する感じはまったくない。

A級戦犯の霊（14柱の霊璽《れいじ》と言うそうだ）を１９７８年に合祀したことが、靖国問題の出現、ぼっ発だったのだから、今からでも、この合祀したA級戦犯の御霊《みたま》（名前の書かれた用紙か札《ふだ》）をもう一度、名簿から外して、合祀を止《や》めて、元に戻して分祀《ぶんし》して、合祀は無かったことにしたらいい、と考える者もいるだろう。この再分祀（合祀のとりやめ）は１９９０年ごろに自民党や日本遺族会の中で議論された。しかし一旦《いったん》合祀してしまったものを、国民の多数意思として今から取りやめてももう遅いようである。すでに騒がれて汚れてしまった靖国神社を元に戻すことは無理であろう。この問題は解決しないままズルズルとこれからもこのまま続く。このあと何十年もこのまま続いてゆく。

靖国神社に祀られている第二次大戦で死んだ軍人兵士たちの遺族（奥さんと子ども、孫）たちも、どんどん死んでいる。戦後70年になるので遺族たちが残っていない。孫からあとは遺族年金はおりないはずだ。肉親の者たちの思い出も遠くにかすんでゆく。ということは、他の神社と同じ、何か知らない祭神《さいしん》と遠いご先祖さまたちの霊を祀っている普通の神社に靖国神社もなってゆく。そこへ意地でも、「オレは愛国者だ。民族派だ」と言ってお参りに行く者たちも残り続けるだろう。だが、首相と大臣たちは行ってはいけないのだ。

第2章

中国包囲網と習近平の外交戦略

財界は中国との関係修復を望んでいる

安倍首相の自分勝手な靖国参拝に一番迷惑しているのは、日本の大企業の経営者たちである。日本の大企業は世界中に進出して工場をつくって現地の人々を雇って厳しい経営をやっている。要《い》らぬ波風《なみかぜ》を首相が立てることは、日本の経済活動にとって大きな支障となるのだ。だから日本の大企業の経営者たちの集まりである経団連《けいだんれん》が安倍首相の行動に反対している。

経団連は中国と仲良くしたい。日本の企業の多く（2600社の大企業が進出している）は中国で利益を出している。

「汪洋《おうよう》副総理が日中経済協会訪中団と面会」

汪洋《おうよう》副総理は11月19日午後、張富士夫《ちょうふじお》氏を団長、米倉弘昌《よねくらひろまさ》氏を顧問とする日中経済協会訪中団と中南海の紫光閣で面会した。

汪《おう》副総理は「中日は互いに重要な隣人であり、中日関係の健全で安定した発展の推進は両国民の根本的利益に合致する。日本側は突出した問題を直視し、適切に処理して、中日関係の改善と発展に努力すべきだ。双方がさらに経済・貿易協力を深め、互恵・ウィンウィン、共同発展の道を歩むことを希望する」と述べた。

（人民日報　2013年11月20日）

このように経団連は安倍首相の動きとは正反対に中国とのビジネスに前向きであり、「今後も中国で利益を上げてゆくしか他に日本の生き残る道はない」と真剣に深刻に考えている。

安倍首相が進める中国包囲網

ところが、安倍政権はひとつの隠された大きな戦略図を敷いて7年前から着々と動いてきたのである。それは「中国包囲網」という国家戦略である。

安倍の中国包囲網（コンテイニング・チャイナ）は、次のように実行されてきた。

「首相、ASEAN10カ国歴訪　中国にらみ連携急ぐ」

安倍晋三首相は、11月17日、カンボジア、ラオス歴訪を終えて帰国した。就任1年足らずで東南アジア諸国連合（ＡＳＥＡＮ《アセアン》）の加盟10ヵ国をすべて訪れたことになる。狙いは広域連携が進むＡＳＥＡＮの成長の日本への取り込みと、中国包囲網づくりである。特にラオスは前日訪れたカンボジアと共に、ＡＳＥＡＮの中でも「親中派」とされ、中国との綱引きが激しくなるのは必至だ。

「ＡＳＥＡＮの力強い成長なくして日本の成長もない。日本経済の再生に欠かせない友人だ」。首相は17日、ラオスでの記者会見で力説した。

カンボジアとラオスへの首相の公式訪問は、多国間の国際会議を除けば小渕恵三首相（当時）以来、13年ぶりだ。訪問は安倍首相がこだわった。両国の１人当たり国内総生産（ＧＤＰ）はＡＳＥＡＮでも下位だ。しかし、２０１２年の経済成長率はカンボジアが６・５％、ラオスが８・２％。最近は日本企業が中国以外に生産拠点を分散する「チャイナプラス１《ワン》」（引用者注。このコトバの真の意味は、「中国投資をやめて中国から撤退しよう」である）の投資先として関心が高い。

ＡＳＥＡＮは、２０１５年に経済共同体の発足をめざす（引用者注。その中心国は当然、中国となる）。ベトナムやタイと周辺国を結ぶ国際幹線道路「経済回廊」の整備も東西南北で進んでいる。カンボジア、ラオスとの協力強化で、日本とＡＳＥＡＮ全体の経済連携の輪を重層的に広げることになる。

これが中国包囲網だ

安倍首相の2013年の東南アジア外交

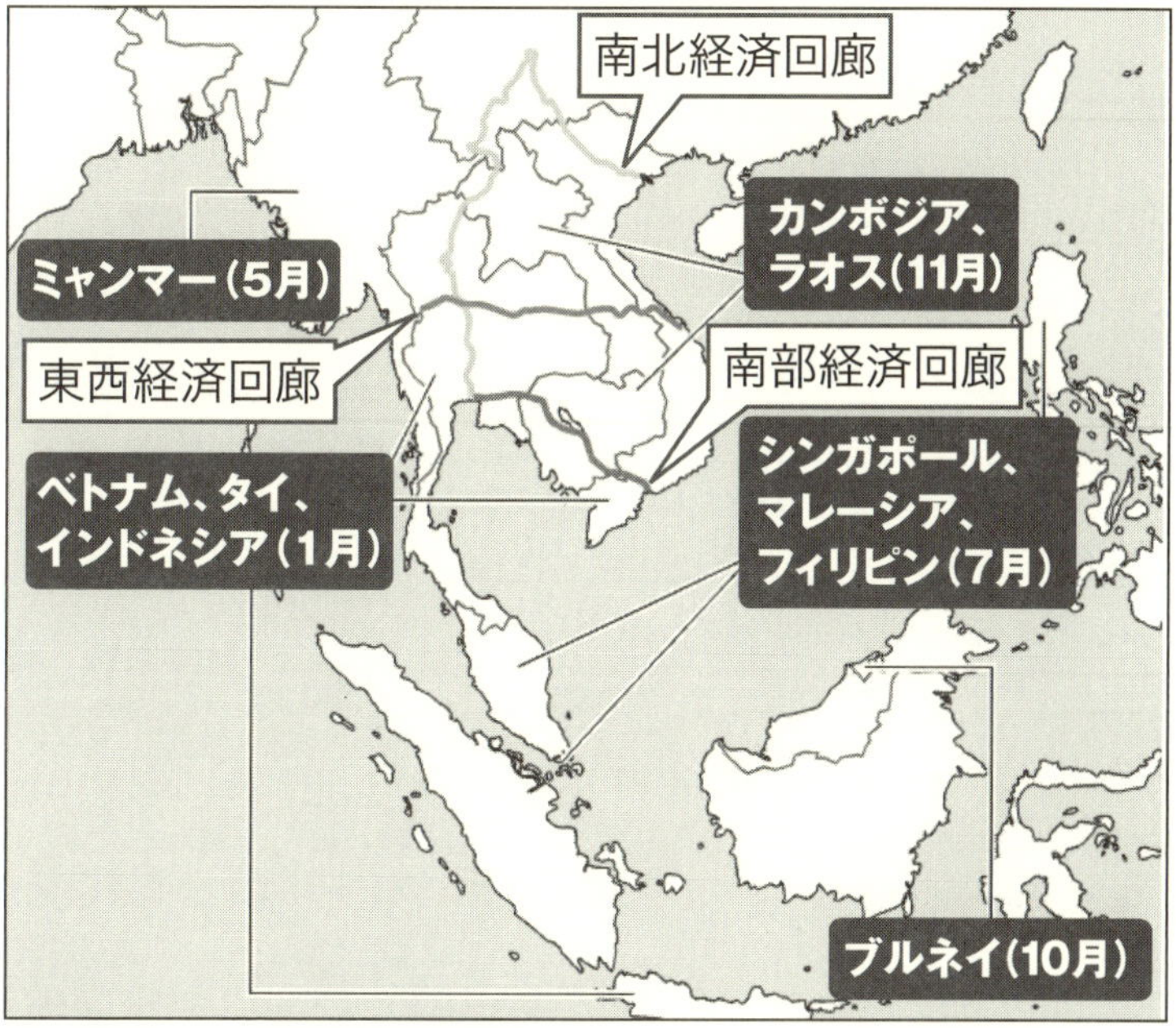

国　名	主な外交成果
ベトナム	5億ドルの円借款
タイ	高速鉄道を売り込み
インドネシア	エネルギー分野で連携
ミャンマー	約5000億円の債務を全額返済免除
マレーシア	インフラ整備で協力
シンガポール	通貨交換協定締結で合意
フィリピン	巡視艇10隻を供与
ブルネイ	金融、食糧安全保障で協力
トルコ	原発4基の新設を契約（2013年10月）
インド	インフラ整備と新規円借款（2014年1月）

政治や安全保障分野での協力も探る。カンボジアでは国連平和維持活動（PKO《ピーケイオウ》）での協力強化を盛り込んだ共同文書に署名した。ラオスとは安保対話の創設で合意した。首相周辺は「ほぼ満額回答」とアピールする。

だが、両国への中国の影響力はすでに大きい。胡錦濤前国家主席は06年にラオス、12年にカンボジアを訪問した。習近平主席も副主席時代の09年にカンボジア、10年にラオスを訪れた。日本の首相による公式訪問がなかった13年間の空白は大きい。

両国には中国の顔色をうかがいながら日本とのバランスを取ろうとする姿勢がうかがえた。カンボジアのフン・セン首相は日本の外交姿勢を支持しながらも、日中関係には触れなかった。

12月に東京で開く日《にち》ASEANの交流40周年を記念する特別首脳会議で、「友好関係の新たなビジョンを示したい」と表明した安倍首相に対し、ラオスのトンシン首相は、「日本側の意向であるラオスとの政治安保対話の創設を了解した。それぞれの協力可能な（引用者註。限りでの）対話をしたい」と温度差をにじませた。

（人民日報　2013年11月20日　傍点、引用者）

これが安倍政権のASEAN（10カ国）取り込みの動きである。この他に、更にインド、

日中は軍事衝突する

尖閣諸島の周辺で日本の海上保安庁の巡視船と中国の海洋警備局(「中国の海警《かいけい》」)の警備船がやがて衝突するだろう。その時に動揺することなく「戦争反対」の決意をしておきたい。向うの船が中国公船《こうせん》。手前が海保《かいほ》の警備艇。写真提供/共同通信

トルコ、カザフスタン、モンゴルにまで安倍の直接訪問のかたちで大きく中国包囲網のウイングを広げている。

アメリカの外交政策が安倍の「中国包囲網」をどこまで理解しスリ合わせをやっているのかはっきりしない。どうも安倍の独走のようだ。直近でいうと、2013年9月6日に、ロシアのサンクトペテルブルクで行われたG20（20カ国の首脳会談）で表面化した。G20は世界の首脳が集まり世界経済の危機状況を突破するための話し合いの場である。この時にオバマは、安倍首相を嫌《きら》っているのに、2人でそそくさとほんの短い時間の会談をした。どうやらこの9月6日の日米会談で、日本は（安倍は）恐らくオバマに更なる50兆円の資金援助（アメリカ政府に対する米国債買い）を申し出たようだ。

それでオバマがすっかりニッコリ笑って奇妙に上機嫌になった。側近のスーザン・ライスに「漏らした」と次の新聞記事にある。あれこれ根気よく捜していたら10月30日の日経新聞の記事にあった。


「日米関係『ぬくもり』再び　討論を終えて」

「安倍（首相への私）の印象が変わったよ」――。9月7日、ロシア・サンクトペテルブルクで急きょ開催した日米首脳会談を終えた後、オバマ米大統領は上機嫌で側近のスーザン・ライス補佐官（国家安全保障問題担当）に漏らした。首脳会談ではシリア問題のほか、日本の経済情勢や環太平洋経済連携協定（TPP《ティーピーピー》）、中国・北朝鮮の問題など幅広い案件について意見を交わした。その場で「質の高い議論を展開した安倍首相の力量に大統領は感銘した」とホワイトハウス関係者は明かす。

実際、この会談以来、寒々しい「家庭内離婚」のような状態が続いた日米関係にもようやく本来の「ぬくもり」が戻りつつある。国務、国防両長官による初の同時来日と日米外務・防衛閣僚級協議（「2プラス2」）の開催（10月3日。P45の写真の日）は象徴的な出来事だった。

それまでの日米関係は、従軍慰安婦問題や靖国神社参拝問題などに足元を取られ、思うような前進ができないでいた。日米重視の姿勢を掲げながら、安倍政権は歴史認識問題を巡り、中国、韓国だけでなく、米側にまで痛くもない腹を探られ、あらぬ警戒心まで植え付けてしまったからである。

今回の日経・CSIS《シーエスアイエス》シンポジウムに米国から参加した6人の元米政府高官は、日米間のすれ違いに強い懸念を示し、形勢挽回に向けたアドバイスを水面下で日本に送り続けていた。パネル討論でも、米側出席者からは「日米同盟はすでに広範かつグローバルだ」（ジョゼフ・ナイ氏）といった意見が相次ぎ、日米関係の未来に期待する姿勢が際立った。
冒頭に触れたように日米関係は今、力強い前進のための一歩を再び踏み出そうとしている。だが、世界は日米関係だけで成り立っているわけではない。シリアへの空爆（引用者注。8月が焦点だった）をちゅうちょしたオバマ政権の姿勢は、日米関係、そして日本を取り巻く国際環境が一段と厳しさを増していくことも強く暗示している。
いわば「警察官のいなくなった世界」（北岡伸一《きたおかしんいち》氏）において、日本では国家安全保障会議（NSC《エヌエスシー》）創設や特定秘密保護法案の導入、集団的自衛権の行使などの真剣な議論も進んでいる。それらは中国が指摘する「（日本の）戦前への回帰」のためではなく、21世紀の未来に向かって「責任ある主要大国」としての責務を果たすためである、と日本は世界へ声高く説明しなければならない。未来志向の日米同盟体制の構築も、そこから始まる。

（編集委員　春原剛　2013年10月30日　日経新聞）

この記事にあるとおり、9月7日の予定外の日米首脳会談で安倍首相の能力にオバマ大統領は大変感銘した、というホワイトハウス関係者の発言が出た。何故なら、この場で安

アジア地域《リージョン》の経済連携の枠組み

東アジア諸国は、ASEAN10カ国で団結してきた。これを「チェンマイ・イニシアティブ」と言う。今は「ASEAN+中国、インド、日本、韓国」で動かしている。これが2015年から始まるRCEP（東アジア地域包括的経済連携）である。当然、中国が中心になりつつある。これに対して、アメリカを盟主とするAPEC《エイペック》（アジア太平洋経済協力）とTPP《ティーピーピー》（環太平洋戦略的経済連携協定）がぶつけられて、邪魔しに来ている。こういう簡単な対立の真実を誰もわかりやすく説明しない。

倍はオバマに、びっくりするようなおみやげ即ち、巨額の賄賂《わいろ》の申し出を行ったからだ。これの見返りに、「日本が、ロシアのサハリンの天然ガスを買う件で、アメリカは反対しないでくれ」という要求を安倍はオバマにしたはずである。そしてなんと。

なんとこの会談の直後に、安倍は飛行機で、ビューとはるか南米のアルゼンチンの首都ブエノスアイレスまで飛んでいる。G20の会合を放ったらかしにして、ロシアから南米まで飛んだ。そして安倍が会場にすべり込むと、「２０２０年のオリンピックは東京」という決定が、ＩＯＣ《アイオーシー》のロゲ会長から発表された。まるで偶然の一致のように安倍首相の到着を待っていたかのようになされた。東京に、日本にオリンピックをさせるという合意が裏側で成立したのだ。それに見合うだけの資金を、アメリカに日本が駆け引き、取引して与えた。ヨーロッパの貴族さまたちの集まりであるＩＯＣ《アイオウシー》（国際オリンピック委員会）にもたっぷり鼻薬をかがせている。

習近平のアジア外交と世界戦略

今の中国とインドの関係は良好である。現在このアジアの2つの大国は、国境問題（インドと中国国境紛争。１９６２年10月）の解決に向けて動いている。北インド＝ジャンム・

カシミール地方やチベット高原（ヒマチャル・プラデシュ地方）および東のほうのマクマホン・ラインの地帯での軍事的睨み合いを何とか終わらせようとしている。

インドと中国で国境紛争を終結させる話し合いが進んでいる。ところが、まだ現地に入っていけば、両国軍の陣地戦のような軍事拠点（山岳拠点）の奪い合いの軍事的な緊張関係が一部では続いている。これを中国側が大幅に譲歩して、インドを喜ばせるかたちでの話し合いが行われている。中国としては包囲網を敷かれるのはイヤだ。

習近平は、だから安倍晋三の「中国包囲網」＝「自由と繁栄の弧《こ》」戦略をあざ笑うように、インドネシアやマレーシアにポーンと自分で飛んでいく動きをしている。アメリカは中国包囲網などというケチ臭い戦略《ストラテジー》は持たない。もっと大きく「中国を国際社会の中に取り込む」、「中国を世界の商業ルールを守る国にする」というコトバを使っている。

「中国と通貨スワップ再開　インドネシア　首脳会談で合意」

中国の習近平国家主席とインドネシアのユドヨノ大統領は10月2日、ジャカルタで会談し、金融市場の緊急時に資金を融通し合う「通貨《カレンシー》スワップ協定」など包括的な経済協力で合意した。10月3日には両国企業が総額３００億ドル（３兆円）規模の事業で協力する文書に調印した。東南アジア最大の市場になったインドネシアと中国の接近が鮮明になっている。

習氏が東南アジアを公式訪問するのは、3月に主席に就任してから初めてだ。通貨スワップの金額は約150億ドル（1・5兆円）。両国は2009年に契約を結んだが、12年に失効していた。インドネシアは中国以外では日本と120億ドルの協定があるほか、緊急性の高い事態に備えて世界銀行などから50億ドルの緊急融資枠を得ている。海外マネーの流出機運が高まるなか、一段と増額していく。

両国政府は今回、経済・貿易協力の5カ年プログラムのほか、工業団地開発や農林水産、観光、環境、宇宙分野などの協力で覚書を交わした。ジャカルタの大統領宮殿で共同声明を発表した習氏は、「これまでの戦略的関係から包括的関係に引き上げることで合意した」と表明した。

インドネシア産業省と商工会議所が、中国の約300人の政財界人を招き昼食会を共催した。鉱業や交通インフラなど計21件の事業で、中国企業による投資や両国企業の協力で合意した。

（日本経済新聞　2013年10月3日）

このように中国トップがインドネシア（人口2・4億人の準大国）に直接手を伸ばした。

これまでのインドネシア（イスラム国家である）は、中国を警戒し嫌ってきた。１９６５年9月の「ジャカルタ暴動」（本当は軍事クーデター）で、50万人の華僑（中国系の商人たち）が虐殺されて川に投げ捨てられた。その両国の深い傷がようやく癒《い》えたのである。

当時は共産・中国の恐ろしいイメージが東南アジア一帯を支配していた。ベトナム戦争が本格化したのは１９６７年からである。

中国はこのように一気に大国インドと国境問題を解決しようとする離れ業をやろうとしている。中国側がインドに対してそうとう大胆な譲歩（占領地からの撤退）をしそうである。中国はロシアとの関係ではすでに国境問題を解決した。ウスリー河のダマンスキー島（珍宝島）での激しい中ソ（ロ）国境紛争（１９６９年3月）を、ロシア側が大幅に譲歩するかたちで解決した（２００４年10月、中ロ国境協定が締結）。係争地の多くで面積を二等分して分割線を新しい国境線とする、という方式で決められてゆくようだ。ということは日本とロシアの地方領土4島の交渉も、「海面を入れた2等分での（まず）２島返還」という線で紛争解決が図られるだろう。そして日ロの平和条約（＝戦争終結条約）の締結となる。

このようにして中国は、アメリカと日本が東アジアで仕組む中国包囲網に対抗して、そこから脱出する動きを着々とやっている。逆に日本が包囲されて孤立する恐れがある。

カギとなるロシアの動き

北樺太（サハリン）では、早くも1920年に油田が発見されていた。日本がシベリア出兵（1918年8月から）したのは、ロシア革命への干渉のための多国籍軍の出動の一環だった。ところがグズグズとこの北樺太からの撤兵だけは長びいた。そのことをアメリカが嫌って、これがアメリカ国内での反日本の感情を起こし、1924年の「日本人移民排斥法の制定」へとつながったのだ。だから真実は石油（油田）を巡る日米の争いだったのだ。今はロシアはこのガス田の『サハリン1、2、3』の天然ガスの開発に力を入れている。ここから出る巨大な量の天然ガスを日本と中国、韓国に売ることで、シベリア全体の大開発の資金にしたい。だから「サハリン1、2、3」の天然ガスを海底パイプラインで直接、日本の茨城県（日立市あたり）まで引く大計画が、ひそかに日本とロシアの両政府の間で着々と進んでいる。テレビ、新聞ではまったく報道されない。

以下の文は、藤和彦《ふじかずひこ》氏という経済産業省の官僚上がりで、エネルギー政策のインテリジェンス部門（国家情報部）にいた人の、最新の本『シェール革命の正体』（2013年刊）

から引用する。

「サハリン—茨城間の新たなパイプライン構想」

2012年11月4日、「朝日新聞」は朝刊一面に「ロシア・サハリンからパイプラインで天然ガスを輸入する構想が、約10年ぶりに動き始めた」と報じた。サハリンからのパイプラインによる天然ガス輸入は筆者が長年支持してきた構想である。

北緯52度、稚内から北に約600㎞の海岸沿いの浅い海底下に、サハリンの天然ガスが眠っている。津軽・宗谷の2つの海峡を挟んでいるが、ほとんど地続きと言ってもいい。東京からは、直線距離で沖縄より近い。サハリン—東京間は直線距離で約1900㎞である。

国境を考えなければ、輸送コスト的には日本の国内資源と言っても過言ではない。このサハリンの天然ガスは、1980年代から日本の資本とロシア側の共同事業によって発見された。このあと、米エクソンや英蘭シェルといった巨大石油会社が事業に参加してきた。

天然ガスの現在の確認可採埋蔵量、2兆1100億㎥（サハリン1《ワン》 4850億㎥、サハリン2《トゥー》 5000億㎥、サハリン3《スリー》 1兆2260億㎥）であり、日本全体の天然ガス消費量の約20年分である。2011年の日本のガス消費量は1074億㎥である。
（『シェール革命の正体』P188から　藤和彦著　PHP研究所　2013年刊）

このようにサハリン（旧樺太）の天然ガスを日本にそのままパイプラインで持って来れば日本は大きく得《とく》をするし大助かりなのである。「サハリン－茨城間」とはっきり書かれている。これに比べるとアメリカが大宣伝して売っているシェール（ガスおよびオイル）革命というのは、嘘っぱちであり、インチキである。アメリカからLNG《エルエヌジー》（液化天然ガス）にして専用タンカーで運んで来る、というのはとんでもなく金《かね》のかかるやり方だ。この藤和彦氏の本の本当の書名は、サブタイトルになっている「ロシアの天然ガスが日本を救う」のほうなのだ。この本のオビにはさらに。「はっきり言う。アメリカべったりで安心していると日本は戦後最大のエネルギー危機をむかえる！」と書いてある。まったくこの通りである。

安倍首相個人の意図など無視して、エネルギー（燃料代、電気代）の専門官僚たちは、自民党の政治家たちを無視して秘かに独自で動いているようである。

安倍政権は、アメリカからの妨害を気にしながら、ロシアから安価な天然ガスを買うことを狙ってロシアと組んで中国包囲網の動きに出ている。

郵便はがき

料金受取人払郵便

牛込支店承認

5073

差出有効期間
平成26年５月
31日まで
切手はいりません

１６２-８７９０

東京都新宿区矢来町114番地
神楽坂高橋ビル5F

株式会社ビジネス社

愛読者係行

ご住所 〒 TEL:　（　　）　FAX:　（　　）			
フリガナ お名前		年齢	性別 男・女
ご職業	メールアドレスまたはFAX メールまたはFAXによる新刊案内をご希望の方は、ご記入下さい。		
お買い上げ日・書店名 年　月　日	市区 町村		書店

ご購読ありがとうございました。今後の出版企画の参考に
致したいと存じますので、ぜひご意見をお聞かせください。

書籍名

お買い求めの動機

1　書店で見て　2　新聞広告（紙名　　　　　　）
3　書評・新刊紹介（掲載紙名　　　　　　）
4　知人・同僚のすすめ　5　上司・先生のすすめ　6　その他

本書の装幀（カバー），デザインなどに関するご感想

1　洒落ていた　2　めだっていた　3　タイトルがよい
4　まあまあ　5　よくない　6　その他(　　　　　　)

本書の定価についてご意見をお聞かせください

1　高い　2　安い　3　手ごろ　4　その他(　　　　　　)

本書についてご意見をお聞かせください

どんな出版をご希望ですか（著者、テーマなど）

プーチンとしてもそのほうがいい。今でも、サハリンの天然ガスを対岸のシベリア側に陸上げしてそこからパイプラインでハバロフスクまで引き、そこから南に下ったウラジオストクまで引く。そしてウラジオストクから、新潟港にLNGタンカーで日本に持ち込むという従来の計画がある。しかしこれは見せかけであった。やるフリだけしてやらないということだ。ずっと先に延びた。ロシアにしてみれば、パイプラインをサハリンからシベリアの内陸部に引くだけでも大変だ。そしてその天然ガスを中国や韓国、北朝鮮に売ろうとしてもいい代金、すなわち国際値段での高い値段で買ってくれない。ロシアにとってはお金にならない。

日本ならば代金はきちんと払うし、長期でのガス輸出（供給）の予定が立つからロシアの収入が安定する。だから日本に売りたいとロシアは考える。もう10年も前からこの日露の秘密の交渉はやっている。それが北方4島問題の解決（平和条約へ）でもある。この線で日本はロシアと合意して、平和条約の締結寸前まできている。果してうまく行くか。

「日露首脳会談　プーチン大統領今秋来日　北方領土『協議重ねる』」

ロシアを訪問中の安倍晋三首相は、2月8日午後（日本時間同日夜）、冬季五輪開催中のソチの大統領公邸でプーチン大統領と会談した。北方領土問題や平和条約締結の交渉加速に向け、プーチン氏が今年10月か11月に来日することを確認した。

首相は会談後、記者会見し「一日も早く困難な課題を解決して平和条約を締結しなければならない」と指摘し、北方領土問題について「次の世代に先送りしてはならない」と強調した。

（2014年2月8日　朝日新聞）

この記事で、プーチンが10月か11月に訪日することが決まった。その時まで安倍は自分が首相であることを世界に向かって印象づけた。

もし、この安倍・プーチン会談で、北方領土問題を解決し、平和条約締結が決まれば安倍の大手柄となる。ただし安倍政権がその時まで保つかどうかだ。

プーチンにしてみれば、日本からの天然ガス代金でシベリア大開発の資金を手に入れたい。プーチンが偉大な政治家として後世に名前を残すためには、ロシアの首都をモスクワからシベリアのハバロフスクに移して、広大なるシベリアの大平原を全面的に開発するくらいの歴史的な国家プランをぶち上げなければいけない。そうでなければ、今のままのロシアでは冬は零下30度の凍てつく北の国のまま、ジリ貧に陥っていく。ロシア人は自分たちをいつまでもヨーロッパ白人文明の一部であるというせせこましい考えにとらわれていてはいけない。偉大な指導者であるには、そのくらいの大胆な決断が必要である。

第3章

習近平体制の中国の躍動

金《きん》を中国で買う

私は2013年7月に旧満州の中心都市のハルビンで調査活動をした。

ハルビン市街の大きな中国銀行の建物で金を買ってみた。1グラム、262元のレートで売ってくれた。4200円ぐらいだ。円・元レートは1元＝17円（2014年2月現在）である。100グラムの金の延べ板を2枚買った。この日の金の価格は世界価格（ニューヨーク金《きん》とロンドン金《きん》）とほとんど同じで、262元／1グラムだった。以前よりかなりさがっていた。中国人の銀行員から、「一番安い値段だ」と言われた。「ここらが金価格の底であろう。値段として大底《おおぞこ》だ」と中国人たちも思っている。中国人が一気に、このあと2013年の7月の第2週目から買いあげてきた。事実、2013年6月27日の1オンス（＝31・1グラム）1196ドル（1200ドル割れ）が金《まん》の世界的な最安値（暴落値段）だった。

金《きん》の値段は一番高いところが、2012年11月で、日本での小売り価格で1グラム5300円という高値があった。すなわち1キログラムで530万円まで上がった。この後、2013年の6月1日から急激に下げ始めた。日本円で1グラム4700円ぐらいだ

中国で金《きん》を買う

この六《ろく》柱《けい》福《ふく》黄金や周《しゅう》大《だい》福《ふく》や周《しゅう》生《せい》生《せい》などが香港から進出して中国全土の主要な都市の一番いい街路に高級な店舗を構えている。

値段は、中国の大手銀行が売っている金《きん》の小売価格より少しだけ高い。ファッション性を売りものにしている。

ったのがどんどん下げて、ついに1グラム4000円を割った。ドン底値は3880円（2013年6月末）があった。驚くべき安値だ。この値段は日本の金《きん》市場である東商取《とうしょうとり》（東京商品《しょうひん》取引所、TOCOM《トコム》）の卸売の値段である。これに1グラム260円（税プラス手数料）を足すと小売り値である。だから東京の小売り商の田中貴金属や徳力《とくりき》や石福《いしふく》で買う値段は、4260円だった（2013年7月3日の値段）。

そうすると、私が1グラム262元で買ったということはいくらか。その日の中国のハルビンでの為替（元・ドル相場）は1元＝16・34円である（2013年7月3日）。

だから262×16・34＝4281・08となる。

これは東京の値段とまったく一緒だ。2014年2月現在、円ドル相場は1ドル＝100円ちょっとだ。だから、私は中国で金《きん》を一番安い値段で買ったはずだ。この後《あと》、金は再びどんどん上がりだす。つい半年前に金《きん》の最高値があった。卸売で5100円台があったのだ。P87のグラフは金《きん》の国際価格であるNY金《きん》（ロンドン金《きん》の取引が復活しつつある）の価格（1トロイオンス＝31・1グラム）を示したものである。このNY金と人民元での金《きん》価格はほとんど同じ動きをしているのだ。現在1米ドル＝6・03元《げん》である。もうすぐ6元の壁を超えるだろう。日本円との為替レートは、1元《げん》＝17円になった。これも、18、19、20円と元高《げんだか》になってゆく運命（すう勢）にある。この流れは変わらない。

NY金＝COMEX《コメックス》金 価格の推移
(2011/7〜2014/2)

出典：COMEX の期近値（きじかち）

1オンス（31g）＝1200ドル割れは金《きん》の最安値である。もうこれ以上下がることはないだろう。これから金は世界的に上がってゆく。

中国でも金《きん》1グラムが400元という最高値があったそうだ。これを1元13円（2年前の当時）で計算したら、5200円だ。当時の1元＝13円で計算した値段である。

人民元は対ドルで着々と上がり続けている。まったくブレがない（P89のドル・元相場表参照）。ところが円・元では動きが乱れる。2012年12月からのアベノミクス（安倍政権の人為的な円安《えんやす》と株高《かぶだか》の演出）で、ドルとの関係で円の20円幅での下落（円安）が起きた。1ドル86円が103円まで急騰した。

だから今後も円安は進むであろうから、私たちは人民元を買うべきである。人民元預金をどんどんするべきだ。人民元預金は今や日本国内でもできるようになった。1元がこれから18円、20円になると考えた場合には、今のうちに元《げん》を買う行動は日本人にとって正しい。人民元がどんどん今のままの割合で上がれば利益が出る。その分だけ円の力は弱くなる（円安）。金《きん》自身の値段も、これから回復して上がってゆくから利益が出る。

大事なことは、今年2014年2月からの税金の確定申告で、5000万円以上を外国で投資や預金などの金融資産を持つ者は、申告義務が有ることになった。私はこういう法律は知らん顔をしているのが一番だ、と考えている。いちいち自分からお上《かみ》に手のうちをさらすのは愚か者のすることだ。5000万円もの投資を外国で行っている個人はわずか

元とドルの為替相場の推移
直近1年間

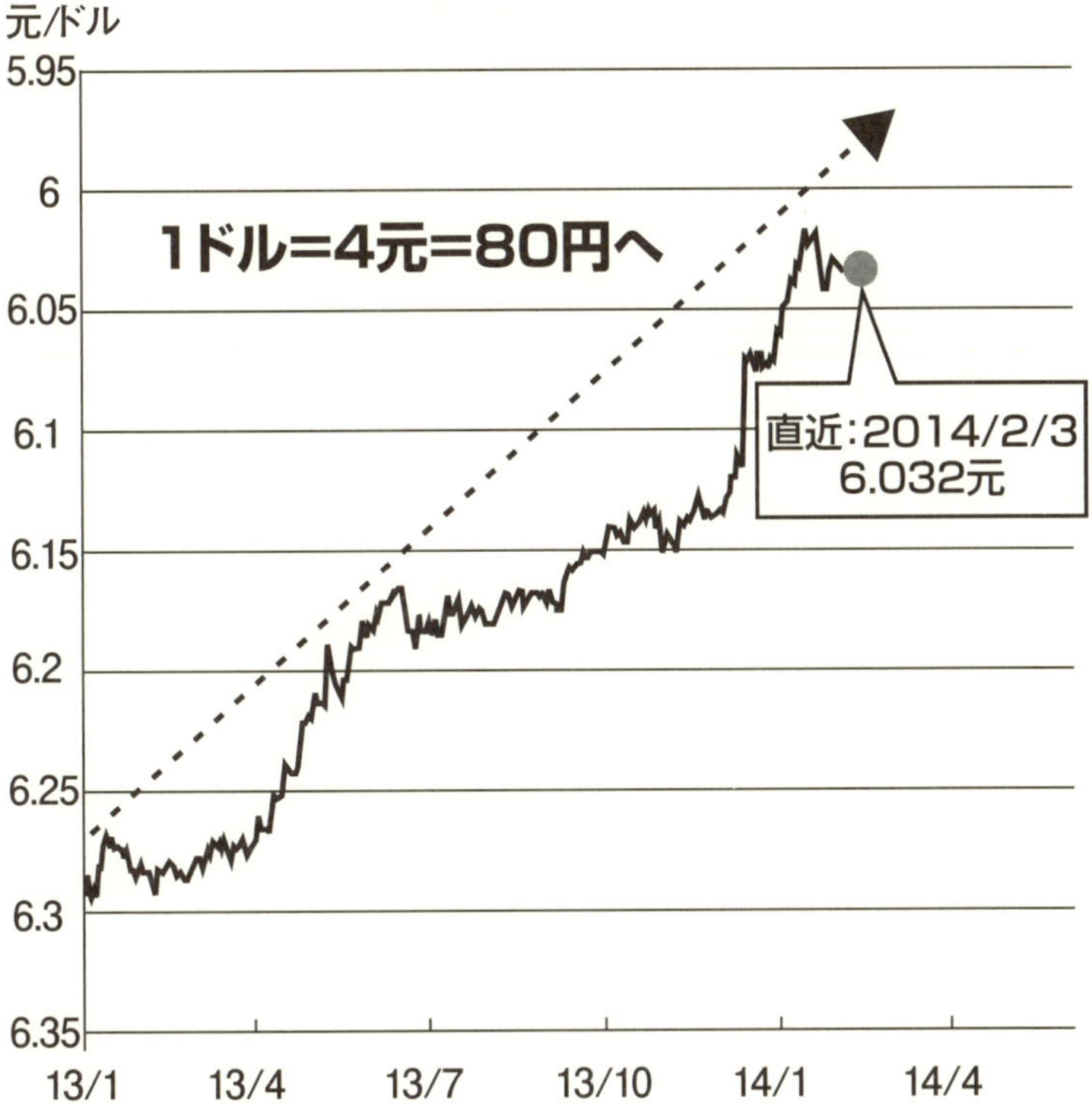

出所：サーチファイナンス

対《たい》ドルの関係では確実に人民元は上がり続けている。この動きにはブレがない。アメリカで「元《げん》高《だか》にして中国から輸入をくい止めろ。そうしないと対《たい》中国での貿易赤字がものすごい」という非難の嵐が起きているからだ。

であろう。放っておけばいい。大事なことは、東京で買おうが、中国で買おうが、金《きん》の値段は一緒だということだ。

中国は日本と違って8%とかの消費税がない。しかし、実際にはどうもこの1グラム＝262元の中に、7%ぐらいの税金分らしきものが入っていると思われる。しかし、この7%の物品税《ぶっぴんぜい》らしきものは、香港にはない。シンガポールでは、この7%の物品税が2012年から廃止になった。じゃあシンガポールで金《きん》を買おうとして世界値段（商品先物《しょうひんさきもの》市場の値段。卸《おろ》し値）から7%を引いた分で買えるか、というと、おそらく買えない。

この物品税というのは、旧来は日本では贅沢品というか高級品にだけかかっていた税金だ。かつての自動車とかピアノとか宝石などの贅沢品に掛けられていた税金だ。それが今は消費税（＝付加価値税《ヴァリュー・アッデッド・タックス》）に名前が変わった。だからどうやら中国での物価はこの7%分の税金を入れた値段である。日本の小売りの値段（消費税と手数料込み）と等しいと考えればいい。日本の場合はこの4月からは8%になる。

だから金を中国あるいは香港で買って、そのまま中国の大手の一流銀行に預けておくという考え方がこれからは大事だ。きちんと保管してくれる、銀行でそのまま預かって安全に保管してくれる制度がある。日本の場合は、銀行の各支店にある「貸し金庫」は税務署

人民元で預金する

日本でも人民元《げん》預金をすることができるようになった。日本の大手の銀行（P97に一覧表あり）でも人民元預金ができる。ただし金利は年率0.5%ぐらいで安い。中国ですると4%ぐらいつく。

まで筒抜けで斜め上からカメラで見張って、見つめている。日本の銀行はどこもこれからはその地区の税務署とオンラインでお金の動きがすべてつながるぐらいの状態になっている。それが2015年から導入される「マイナンバー制度」である。日本はどんどん急速に金融統制《きんゆうとうせい》の国になっている。国民のお金の動きはすべて監視される社会になりつつある。実に恐ろしいことである。

自分の資産を守るためには、だからなるべくフリーポート（自由貿易港）やタックスヘイブン（税金から避難《ひなん》国）に、自分の体に現金を身につけて現金で持って出て行って、そこで金《きん》や不動産のかたちにして置くことが、これからも日本人にとっての資産防衛になる。外国で資産を保全するという考え方だ。日本国が没落してもっと衰退して、日本円の価値も下がり、土地や消費者物価等もまだまだ下落を続けるだろう。そして金融恐慌と世界恐慌（これでアメリカが決定的に没落する）があって、すべてが下落し尽《つ》くした時に、その時に、再び資産を日本に持ち帰って、日本で投資を再開することを考えるべきだ。

金貨（ゴールド・コイン）については、たとえば中国のパンダ金貨（31・1グラム。1オンス）が、現在中国のデパートなどで一個2万4000元もした。日本で買えばウィーン金貨で16万円ぐらいだが、38万円もするということだ。すでに大きなプレミアム（割増

元とドルの為替相場の推移
2004〜2014年（10年間）

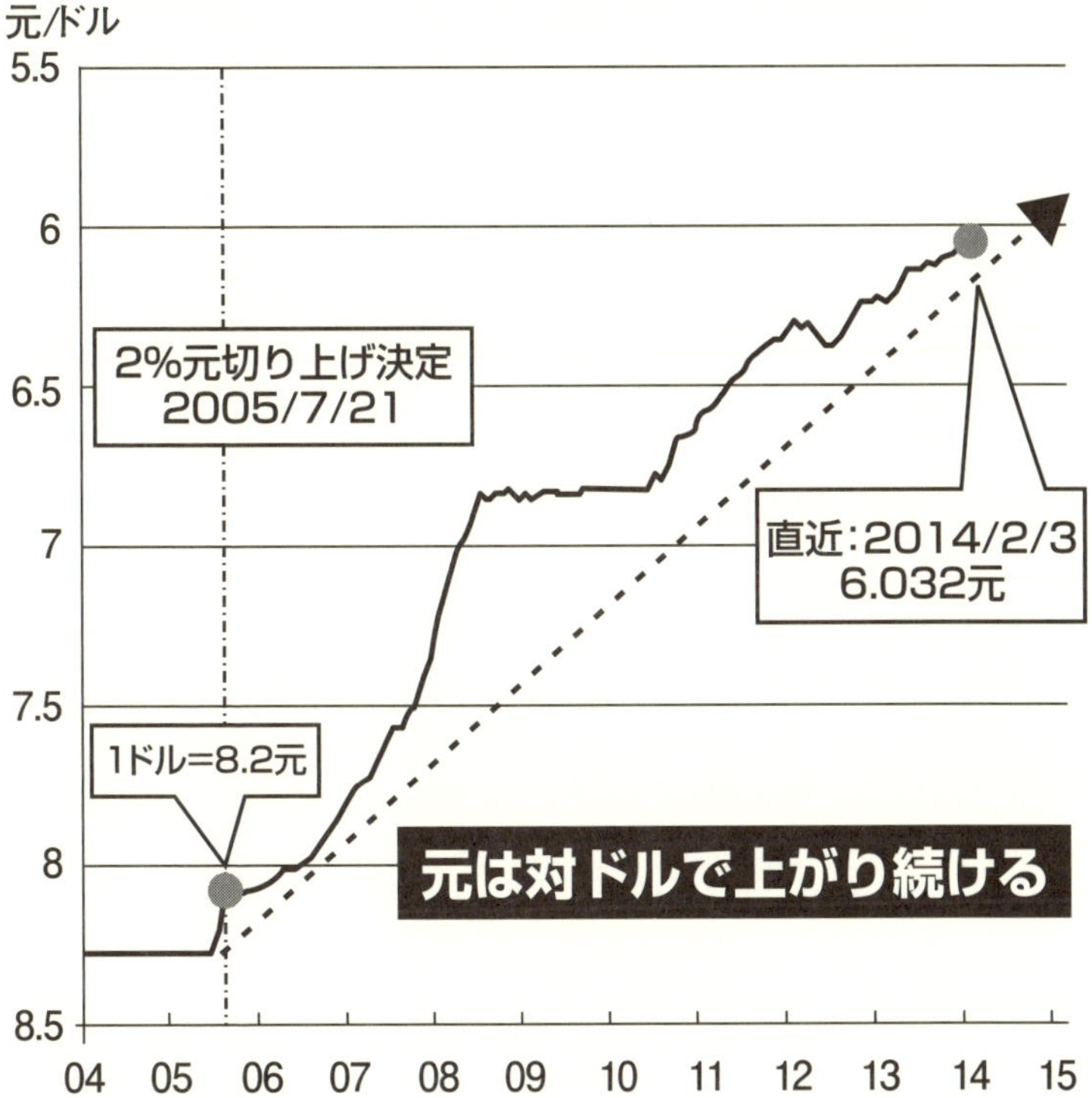

出所：サーチファイナンス

対《たい》中国でのアメリカの貿易赤字は、2000億ドル（20兆円）を超えている。だから為替（元・ドル相場）で改善しようと考える。中国政府は、アメリカ政府と妥協して、整然と元高《げんだか》のトレンド（方向性）に約束どおりに動いている。

金）がついている。

1オンスは31・1グラムだから今の地金《じかね》の小売値段の1グラム＝4400円をかけると14万円弱になる。これが地金《じがね》の値段だ。しかしコインという、そのまま通貨《カレンシー》としても使える。ゴールドブリオン・コインともいうが、これは16万円で東京で買える。この間まで1グラム＝5300円だったので18万円だった。

パンダ金貨は中国のデパートで売ってることは売ってるけれども、なんと2400元だ。これに1元＝16・34円をかけると16・34×2万4000円＝39万2160円。

一枚で40万円もするということだ。地金の値段の14万円からするとだいたい3倍だ。こんなに大きなプレミアムがついている。パンダ金貨は、地金の3倍の値段がする。だから買うべきではない。このことはアメリカ合衆国内で「イーグル金貨」が買えない（すでに買い占められている）ことと同じだ。だからカナダ政府発行のメイプルリーフ金貨を皆、買うのだ。カナダまで週末になると出かけて行ってアメリカ人は外国製の金貨を買って来る。

その他、周大福や、周生生がある。香港から中国全土の主要都市に進出している一流の宝飾品店であり、もうちょっと高かった気がする。更に割増金（プレミアム）も付いている。中国の金《きん》を売るお店で、香港から進出してきている会社は3つ、4つ、有名な所があ

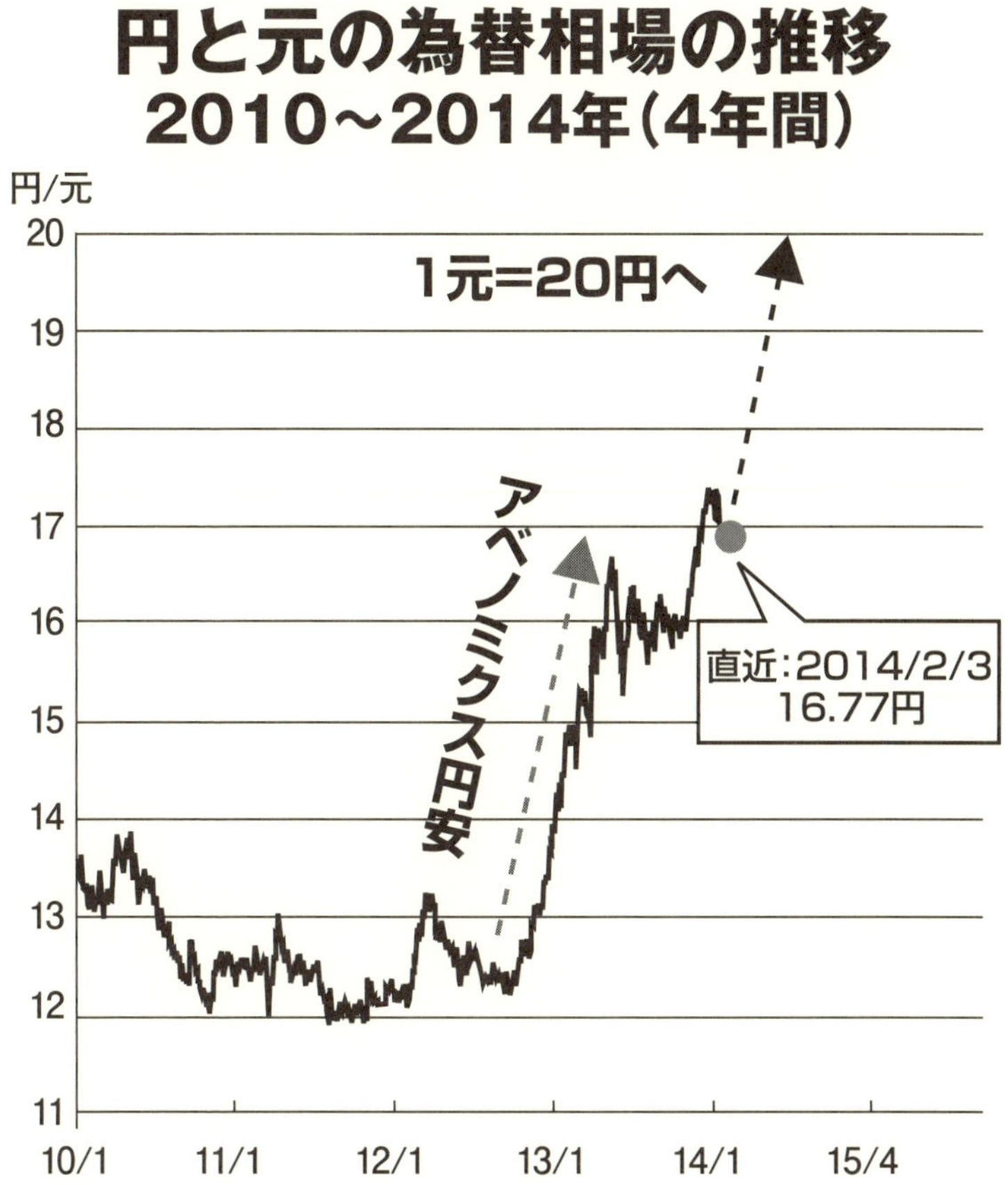

出所：サーチファイナンス

アベノミクスの1ドル80円→100円の影響で、対《たい》元でも円安になった。そのために「1元＝20円」の方向に向かっている。今のうちに人民元預金をするべきだろう。

る。それよりもやはり中国工商《こうしょう》銀行や、中国招商《しょうしょう》銀行や、中国銀行などの大きな銀行で買うべきだ。本書の巻末の株価一覧の中に「中国黄金《おうごん》」という最大手の産金会社（国営企業）の株価を載せてある。株価はこの一年間で19％下がっている。

金・地金200グラムで、86万円ぐらいだった。1元＝16・34円で計算して5万2600元だ。中国工商銀行や中国銀行が自前でつくった銀行の刻印入りの金の地金《じがね》のバー（延べ板）を買うほうがいい。手数料がわずかだがついていた。100グラムにつき62元だった。1000円ぐらいだ。あとは為替の動きと金《きん》の世界値段の動きで変わる。

あとは税金の問題だ。日本国内では、金1グラムをたとえば3000円で買って5000円で売ると、2000円の利益が出る。これが1キログラムの延べ板だったら1000倍だから200万円の利益（儲《もう》け）が出る。ここから経費（エクスペンシズ）と基礎控除を引いたものを所得と言う。課税所得（タクサブル・インカム）と言う。おそらく40万円ぐらいの税金を取られる（支払わされる）だろう。

このように税金は儲けのざっと半分とは言わない。実は4分の1ぐらいかかる。200万円に対して40万ぐらい税金がかかる。日本では、10キロとか20キロとか大きな金額で金《きん》を売って儲け（利益）を出した人々が、最近どんどん税務署から狙い撃ちされて「申告所

人民元の外貨預金・三井住友銀行の場合

商品	一般外貨定期預金	外貨普通預金
申し込み	店頭窓口（書面）での申し込みに限る	
預入期間	１年以内	
利用者	個人および法人	
預け入れ	100通貨単位以上、 １補助通貨単位	１通貨単位以上、 １補助通貨単位
払い戻し	満期日に元利金を一括払戻	１補助通貨単位
利息	固定 例）１年もの0.5715％（税引き後 0.4553％）（2014/1/30）	変動金利
預金保険の適用	預金保険の対象外	
留意点	外貨預金取引における外貨現金の取扱はできない。 個人の送金の取扱はできない。 １通貨あたりの為替手数料（往復）60銭	

日本で人民元の外貨預金ができる銀行一覧

日本の銀行		
三井住友	みずほ	横浜
千葉	静岡	中国（岡山県）
山口	八十二	福井
伊予	百十四	宮崎
北陸	足利	
中国の銀行		
中国銀行	中国工商	中国建設

日本の主要な大手銀行でも人民元預金ができるようになった。金利は年率0.5％ぐらいで高くはない。しかし安定している。

得のやり直しをして下さい」と追加で課税されることが多くなっている。ひと昔前の10年前ならほとんどは見つからず、放ったらかしにされていたことだ。ただし代々の大金持ち（大地主とか）の家のお金の動きは、昔から税務署に見張られていた。だからキッチリと課税されていた。だから小金持ち層は、金《きん》の地金を外国へ持ち出して、香港やシンガポールなどで売れば利益が出る。日本の税務署に連絡などゆかない。

最近は日本の三菱マテリアルや住友金属鉱山の刻印《こくいん》が入っている立派な金ののべ板でも、香港やシンガポールで売ると5％、どうかすると1割引きで買われる。このことは注意しておいてください。世界的な信用という面からも日本の国力は落ちている。これからは中国や香港の大きな金《きん》会社や中国の大銀行の金の延べ板のほうが、信用がますます付いてくる。

3中全会《さんちゅうぜんかい》で何が決まったのか？

昨年2013年11月中旬に、中国共産党の重要な会議が開かれた。それは、去年の3月に出発した習近平体制（実質的な始まりは、その前年2012年の11月の5年おきの党大会。第18回だから18大《だい》という）が、大きな方針を打ち出した会議であった。

ここで、どうやら中国の〝農地解放〟が決定されたようである。貧しい8億人の農民が今も中国の発展から取り残されたかたちになっている。この貧しい農民一人ひとりに土地の権利（財産権）を与えようという大方針だったのである。この「土地改革」はどうやら中国の歴史のなかでも大きな変化であると考えられる。

今の中国は急激に新しい段階に入ろうとしている。それは、「国家による土地所有制度」をやめて個人の不動産の権利を認めていくという流れである。中国では日本で使っている「所有権」という漢字は使わない。「私有権」あるいは「物権《ぶっけん》」と命名されたようである。確かに土地私有権（プロパティ・ライト）のほうが、世界基準の法律制度に合致している。日本の「所有」というコトバのほうがヘンである。

この中国の法制度の変更は、これから中国を明るい方向へ持っていく。ところが、個人の財産の自由を認めると、急速に個人の欲望の爆発が始まる。もっと貧富の差の拡大が起きる。

なぜならば、日本でも幕末・明治のはじめに廃藩置県（1871年、明治4年）と土地所有制度（「地券《ちけん》」という土地所有の証書が発行され）が始まって、それらの土地証書＝証券を買い占めた者が寄生《きせい》大地主層に成り上がっていった。その弊害が労働問題よりも激しく、貧しい農民たちの小作争議を全国すべてで引き起こした。それが解決したのは、戦勝国の〝白い神〟マッカーサーによる農地改革（1946年10月。「自作農創設法《じさくのう》」）である。日本の地主階級はあの時に、都市部を除いては大きな打撃を受けた。マッカーサーの農地解放は都市部には及ばなかった。農村部だけであった。だから日本には今も都市部に大地主が存在するのである。

これに匹敵する巨大な動きが中国で始まったということである。私は、中国は正しい方向へ進んでいると思う。1950年代の地獄のような「土地合作《がっさく》公社」や「人民公社」のようなまさしく牢獄国家、収容所群島と呼ぶべき共産主義体制の最大の悪が取り除かれようとしている。だから中国の今度の3中全会《ちゅうぜんかい》での農地解放（土地改革）は人類の向かうべき方向として歓迎すべきことである。

ところがその一方で、習近平たちは、これにともなう急激な変化を警戒して、周到に準備し、何かあった時に上から強力に押さえ込めるように共産党の統制体制の維持を、一方で決定したようである。そのために世界中の中国ウォッチャーの専門家たちが混乱して、今度の3中全会の決定内容が、ちぐはぐしたよくわからないもののように受け止められている。中国人で、外国で学者、研究者をやっている者たちにもよくわからないようである。この点がミソである。

次のアメリカの『ウォール・ストリート・ジャーナル』紙の記事のほうが重要である。

上海総合指数(中国の株価)の推移
直近5年

中国の株価は下がったままだ

出所:Yahoo! FINANCE

中国の株式市場からまだまだ資金が逃げ出している。20年前に中国企業に投資した資金を回収してニューヨークに持ち帰ろうという動きである。中国側がそれらを安値で買い取ればいいから少しも困らない。

「著名投資家ロジャーズ氏、中国に大きな変革の訪れを予感」

中国共産党中央委員会の第３回全体会議（３中全会）の閉幕後、多くの人々の反応は「失望」だった。11月12日に発表された青写真がかなり物足りないものだったからだ。だが、15日には、土地改革や一人っ子政策の緩和策、公害対策などについてかなり踏み込んだ内容の文書が発表された。

これが著名投資家ジム・ロジャーズ氏をして「中国で次の10年から20年に関わる最も重要な経済イベントが北京で起こったようだ」と言わしめた。ロジャーズ氏は、このことは西側のメディアがほとんど無視していることだと指摘している。

著名投資家ジョージ・ソロス氏のパートナーから37歳で転身したロジャーズ氏は、世界的なトレーダーとして第２の人生を歩んだ（引用者注。彼は中国の将来の成長に賭けて多くの中国投資を行っている）。彼はニューヨークのウォール・ストリート・ジャーナル（ＷＳＪ）本社を訪れ、「今回の３中全会は１９７８年と93年の全体会議と同じほど大きな意義がある」との見解を示した。78年会議は、毛沢東主席の死後に開催され、鄧小平氏の改革開放政策で中国経済の建て直しに大きな道筋をつけた。93年の全体会議ではそれまで赤字経営続きだった国営企業の私有化が実行された。

今回の会議では改革が大きな焦点となると期待されていた。習近平氏が国家主席に就任して1年経っての会議である。ここで今後2期10年続く予定の習近平政権の基本政策を構築する。

家族と共にシンガポールへ7年前に移住したロジャーズ氏は、中国に変革が近づきつつあることを感じとっている。

土地改革には農民の権利拡大が含まれている。農民は長い間、土地は自分たちのものではないと思い込んでいた。ところが今や、より効率の良い生産を目指してもっと広い土地を集められるようになる。中国は食料品に多額の支出を回せる家計が増えつつある。政府は国民の食料需要に追いつくために苦労している。

「中国の農業は毛沢東時代にだめになった」とロジャーズ氏は指摘する。文化大革命（引用者注。1966～1976年。失われた地獄の10年）の間、都市に住む10代の知識層が労働力として残酷に集団農場へ送り込まれた。今回の改革への取り組みが最後まで遂行され成果を生むのにひと世代以上の時間がかかる。だが、この改革で中国の農業は、鉄道や医療ケア、防衛分野と同様に投資に値するセクターになった、とロジャーズ氏はみている。

ロジャーズ氏は、「たとえ中国の株式市場が崩壊しても、これらの産業は今後も十分好調に推移する」とみている。同氏は08年以降で初めて、金融株を含む中国株を購入した。同氏は99年と05年にも中国株を購入していた（引用者注。この時、彼は香港や上海の土地バブルで巨額の利益を出した）。

中国の政治家の決意が大きく変わった、とロジャーズ氏はみている。今回の全体会議の「最も重要な概念」は「確信がもてない時は、市場が決める」という考え方だ、と同氏は指摘した。今も国家管理下にある中国経済にとって、これは過去のやり方を180度転換するものだ。

では、なぜ、中国の新指導部の今度の決定は、単なるリップサービスで改革を謳っているだけではない、と判断できるのか。ロジャーズ氏は、「自分もよくわからない」と認めた。その上で、「これまでとは違う何かを感じている」と話す。同氏は「過去の指導部も変革を試みたが、官僚主義の壁にぶち当たった」と言う。だが今は、「中国の政策立案者は追い風を受けているように見える」。そして、今度の（3中全会の）決定に指導部も大いなる威信をかけていると指摘する。同氏は、このあとニューヨークからすぐに中国に戻る予定だ。

今回の改革の実行は、「中国経済はバブルだ」とか、「その勢いももうすぐ終わる」と言われ続けてきた中で行われることになる。「そういう批判は、南北戦争《ザ・シビル・ウォー》（1861

〜65年）後に、欧州が米国に対して言っていた悪口を思い起こさせる」とロジャーズ氏は言う。当時、新世界《ニューワールド》と呼ばれた米大陸はまだ田舎だと思われていた。だが急激に成長した。それに対して第1次世界大戦後（1918年）のひと世代で、文句なしの世界リーダーだった英国のほうがあっという間にその地位から転落した。

（ウォール・ストリート・ジャーナル　2013年11月19日）

このジム・ロジャーズ氏の見解が、今後の中国に対するたいへん優れた洞察になっている。この3中全会での決議事項を「習近平体制の独裁体制が確立した」とか、「中国は新たな統制を始めることでますます内部に矛盾を抱えていく」などという愚か極《きわ》まりない中国評論、中国分析が今もそこら中に溢《あふ》れかえり横行している。彼ら愚かなる中国ウォッチャーや中国大嫌い人間たちの、自分自身のダッチロール幻想にお構いなしで中国の発展と成長は続いていくだろう。

中国で農地解放が始まって、農村地帯まで資本主義経済が直流でもたらされる。個人の生産意欲と消費意欲がさらに増大する。ジム・ロジャーズが鋭く見抜いた通り中国人は、**「確信が持てなくなったら、市場が決める」**という市場経済《マーケット・エコノミー》の原理に従おうとする態度を潔く打ち出したのである。ただし、その外側から共産党による管理と統制を、もしどうしてもトラブルが大きくなった時には断行するという態度であることも忘れてはならない。

次のロイターの記事はもっと冷ややかに今回の決定を見つめている。

「中国3中全会が市場の決定的な役割を表明、2020年までの成果目指す」

中国共産党は、第18期中央委員会第3回全体会議(3中全会)の閉幕に際し、「資源配分では市場が決定的な役割を果たす」と表明した。会議で承認した今後10年間の改革案として公表した。

新華社が伝えた共産党の声明によると、指導部は2020年までに改革で決定的な成果を目指す。現在の経済体制の改革が包括的改革の中心になるという。

声明では、「問題の核心は、政府と市場の関係の修正だ。資源配分で市場に決定的な役割を担わせるとともに、政府の役割を改善する」と表明した。

中国の社会不安の高まりに対応し、内外の諸問題を踏まえて、これまでばらばらだった組織の権限を統合する。そのための治安維持の国家安全委員会を新設する。

クレディ・スイス(香港)のアジア地域(日本を除く)担当の首席エコノミストであるドン・タオ氏は、「中国共産党はこれまでのような政府支配からの決別を決断した。市場に先導させようと決めた。これまでは価格や投資についての決定は、政府がほぼ独占的に行ってきた」と指摘した。「これは中国の従来の基準からすると革命的アイデアだ」と述べた。

国営企業の改革には慎重

ただし今回の３中全会では、大胆な国有企業改革は打ち出されなかった。国有、私有企業の両方が重要である、私有企業（民間企業）をさらに促進するとした。だが、経済における「公的セクターの支配」は維持されるとしている。

改革案では、財政・税制改革の深化に取り組む方針が示されている。このほか、都市、農村の両方で総合的土地市場を創設するとした。さらに持続可能な社会保障制度を構築するとともに農民に一段の財産権（引用者注。農地の私有権）を付与するとしている。中国政府は資本取引の自由化を推し進め、２０２０年までに改革の成果を上げる方針が示された。このことで、政府が人民元の自由化に向け飛躍的に進展するとの観測が高まった。

（ロイター　２０１３年11月13日）

このように中国の改革はさらに進むのである。それに比べて日本の衰退、停滞は今も止まらない。

権《けん》貴《き》財《ざい》経《けい》という腐敗

次に中国の権《けん》貴《き》財《ざい》経《けい》の話をする。「権貴財経」というコトバが中国で10年くらい前から庶民の間で使われている。「権貴資産階級」ともいう。

権貴《けんき》とは「権力者および貴族階級」というコトバの省略形であろう。すなわち、貴族のように生きている共産党官僚や、その取り巻きの大富豪に成り上がった者たちという意味で、それに対する中国の一般国民（庶民）からの強い憎しみとやっかみの感情の表れである。中国では知識人階級も平気でこの「権貴財経《ざいけい》」というコトバを使って、共産党と公務員たちによる汚職だらけの腐敗した社会実態への憎しみを露わにする。日本に置き換えて簡単に言えば、「官僚政治」のことであろう。日本国の富を陰に隠れて実質的にこそこそと奪い取っている国家官僚たちの動きに対する批判と同じものである。

権貴財経（経済）という言葉は、初めは中国人の言論の自由が拡大したインターネット上で使われだし、思い切り、中国の官僚政治、共産党支配の悪口を書くことが許されて、自由になった。だから今の中国国民による統一的な自国に対する冷酷な定義である。権貴とか権貴資産階級と呼ばれる経済体制が、今の中国をあらわす最も明確な自己表現である。中国では経済と金融を合わせて「財経《ざいけい》」という。金融というコトバはあまり使われない。日本の「経済」というコトバのほうが、世界基準から見るとおかしい。エコノミーは、①実物生産《じつぶつ》、②資源の流通、③市場価格、④労働市場、⑤資産《アセット》の評価などを総合して表わすコトバだ。英語のファイナンスは、国家財政と金融の両方を指す。中国人は、ファイナンスとエコノミーを合わせて「財経」と呼んでいる。日本人は「金融・経済」と言うしかない。

特に中国共産党の地方政府の幹部たちの腐敗が今もすごい。地方政府といってみても、北京や上海の大都市の行政も地方政府(ローカル・ガヴァメント)扱いになる。だから決して田舎の話ではない。私が北京で話した警察官の幹部たち程度でも、かなりの賄賂や利権の不正な蓄財をしているのが見ているだけでわかる。大体、彼らは大都市の元々の住民(上層市民)である。だから、鉄筋アパート(床面積100㎡、30坪が中国では基本)を5戸から10戸持っている。これ以外に株式投資も20年くらい前から思いっきり行っていただろう。

私が中国研究を始めた16年前(1998年8月)と比べると、中国は巨大な成長を遂げた。当時は本当に穢《きたな》い貧乏な国だった。大都市の上海や北京でも表通りは一応高層ビルが立ち並んだが、ちょっと裏に行くとあばら家が並んでいた。

10年前（2004年）でも、北京や上海のような大都会でも、中心部の鉄筋アパートの部屋（床面積100㎡）が500万円くらいで買えた。それが、2011年8月（3年前）に不動産バブルのピークを迎えた時に高層アパート（大厦《ダーシャー》という。タワー・レジデンスのことだ）がちょうど1億円になった。3年前は1元が13円だから800万元（1億円）にまでなった。その後バブルがはじけて半値にまで落ちて、5000万円くらいになった。すなわち400万元にまで落ちている。しかし今は1元17円だから6800万円である。

つまり、ちょっとくらい中国の土地バブルがはじけたと言っても、今も中国全土で都市部ではワイワイと高層ビルの建築が進んでいる。地方都市もビル建設が続いている。恐ろしいくらいの建築ラッシュである。これに対して「鬼城《きじょう》」といって、誰も住んでいないゴーストタウンだと中国の悪口を言っている。実際に自分で見てくるといい。それらのゴーストタウンにも、どうせ人々が住むのである。中国の住宅への需要はものすごい。私は、鬼城で一番有名な、内モンゴルのオルドスの都市にも4年前に見に行った。確かに誰も住んでいない、乾燥地帯の半分砂漠のような草原地帯に、ビル群が壮大に立ち並んでいた。現地で聞いた話だが、そこの市長を「お前、こんなことをして大丈夫か」と胡錦濤主席が叱りに行った。そうしたら、その市長は「大丈夫だ（オレはお前の子分じゃない）。」と答えた、という有名な話がある。それらの鬼城にも今は人が住んでいるだろう。私はこれらの報告を前著『中国は世界恐慌を乗り越える』（2012年刊）で書いたので読んで下さい。

腐敗した中国の地方幹部や公務員、警察の幹部たちがそういう鉄筋高層アパートを5戸から10戸持っているということは、今や日本円で3億円から5億円くらいの不動産資産を下っ端の中堅幹部たちが持っているということだ。ということは、地方の大幹部たちになると100億円（6億元）や、1000億円（60億元）の不正な蓄財というか、「資本の原始的蓄積」（カール・マルクスが『資本論』でつくったコトバ）というか。異常なまでの高度成長経済を、鄧小平の号令一下30年続けて達成したことになる。一国《いっこく》の上層人間たちが豊かになるのは、当たり前のことである。

健全な社会には貧富の差がある

貧富の差の拡大に対する貧乏な庶民層からの怨嗟《えんさ》のことを、日本では「格差社会の広がりを是正しよう」と言う。私はこの考えに反対である。ある程度の格差社会（貧富の差）があって、はじめて社会の自然な状態であると私は考える。

だから今の中国に対して「貧富の差の拡大がものすごい」と言って中国をけなす人がいる。それは間違っている。40年前には中国の平等社会の絶望的な貧しさがあった。そのころは本当に地方に行けば餓死した人間たちの死体が転がっていたであろう。毛沢東が行った文化大革命で1億人ぐらいが死んだ（1966年から76年の絶望的な10年間）。そこから脱出して今の豊かな中国になった。

中国を外側からの冷静な目で見ている私としては、中国の庶民たちが権貴《けんき》財経と言って上層部の悪口を言うことに対しても冷静に見ている。日本の中国大嫌い人間たちの言論（主張、意見）は、中国に対して失礼である。絶望的な共産主義的な平等社会がいいわけがない。貧富の差が、例えば年収で10倍から20倍くらいある社会が健全な社会である。年収が500万円の人と、10倍の5000万円の人と、20倍の1億円の人がいて自然な状態という。中国をけなすことに命がけになっている愚か者たちは、それでは中国はもとの絶望的な共産主義平等・奴隷社会に戻ればいいと言っているのか。

どこの国にもずる賢く、ふてぶてしく、冷酷でいやな人間というのはいる。それは日本では、中国や韓国のことをとにかくケナさないと気が済まないオマエたちのことだ。生来の低能だから、思考力がないくせに金銭だけには強欲な人間たちで、私は嫌いだ。

私が中国で見ているだけでも、でっぷりと太った中国の地方役人や警察官の幹部たちは、いかにも悪人顔である。人相が悪い。彼らの不正蓄財（汚職）を取り締まるために、習近平体制は、現在躍起《やっき》になっている。そのために後述する中国の最高権力者たち同士の権力抗争のように見える争いごとをしている。だが、中国には驚くほど立派で、頭脳明晰な指導者たちが存在する。それに較べて日本の政治指導者たちのあまりの低能（安倍晋三も麻生太郎も森喜朗も小泉進次郎も偏差値40くらいで学力不足である）の不様さを思うと、中国批判などやっている理由はない。

本当に悪いのはアメリカなのだ。日本国民の代表（指導者）になるべき優れた立派な人間たちが、政治家（国会議員）になって、厳しい経験を積んで皆の期待と支持を一心に受けて上に登っていくという仕組みがつくられていない。これが日本国の悲劇である。すべてはアメリカがそのように仕組むからだ。日本に優れた民族指導者《ナショナリスト》が現れると、アメリカと対等の交渉を始めるようになる。それはアメリカにとっては困る。それを予《あらかじ》め押し潰すために、愚劣な日本のテレビ・新聞・週刊誌と官僚機構を使う。

中国人で日本語を話す知識層の者たちは、この事態を冷静に見ていて、「中国では上に行けば行くほど優れた人間たちがいる。日本では上に行けば行くほどバカがいる」とはっきりと言う。中国人はそこらのお店の店員のような少女たちまで含めて、「日本はアメリカの家来（属国）だからねえ。かわいそうだね」と言う。本当の話だ。もしあなたに中国人の知人がいるなら、この質問をぶつけてみるといい。私は何もむずかしい話をするために、中国研究本を出し続けているのではない。大きな真実を日本国民に伝えたいからだ。

日本や欧米が中国を批判できるのか？

確かに中国の中央政府（北京）の最高幹部たちに至るまで、裏側に大きな資金をそれぞれ隠して貯め込んでいるようだ。その金額は大体ひとり2000億円（120億元。20億米ドル）ぐらいだろう。

「ニューヨーク・タイムズ」が、退任間際《まぎわ》の温家宝《おんかほう》国務院総理（首相）を、最後に追い詰めるために突然、暴露記事を出した（2012年10月26日付）。温家宝と家族で27億ドル（2700億円）の隠し資産があることを暴露した。彼の家族や周辺がそれくらいは隠し持っただろう。だから温家宝は、「私は首相を辞めたらきれいに消えていなくなるから、いっさい追いかけまわさないでください」と言って、本当に消えた。本当にひっそりと、のんびりと老後を暮らしているらしい。

このことを私は中国人亡命知識人の石平《せきへい》氏に質問した。そうしたら、「温家宝が蓄財した金が、たったの160億元（2700億円）だということで、みんなの笑いものになった」そうである。

それでは聞くが。日本やアメリカの政治権力者たちや官僚トップ上がりたちは、いったいいくらの不正蓄財をやっているのだ。まったく同じようなことをしているくせに、テレビ・新聞で暴露され叩《たた》かれないからと思って。自分たちが優れた国だ、自由な社会だ、と勝手に思い込むな。悪事の証拠さえあがらなければ、どうでもいいと思っている。自分たちのことを先進国で、法治国家で、文明国だと思い込んでいるだけのおかしな被洗脳国民である。今どき中国人たちのほうが、よっぽど言論の自由や、真実に対する勇敢な行動などを理解している。米、欧、日の先進国のほうが言論統制、報道規制がすごい。

一般庶民層というよりも、中国の知識層に近い、貧しい学生や教育を受けた層の人々からの激しい不満が、中国政府を揺り動かしている。

しかし私はこれまでに何度も書いたが、今の中国の民衆はかなり急激に豊かになっている。だから、不満が鬱積して暴動につながって今の中国の政治体制が打ち壊されるということはない。どう現地調査してもその兆候や証拠はない。現に中国社会を自分の目でじっと行って見てくればわかることだ。中国に行きもしないで中国の悪口ばかり言っている人があまりにも多すぎる。それは、福島の原子力発電所のそばまで行きもしないで（今は原発5キロまで誰でも行ける）、放射能がコワイ、コワイを言っている人たちと一緒である。

現地に行かずに自分の頭（脳）だけで勝手に思い込んでいるだけで、本当のところは計画的に扇動された考えに自分がどっぷり浸かっているだけだ。

中国の悪口を言う人たちは、今も中国各地で暴動が起きていて、中国が不安定な国であるみたいに言う。しかし、実際に行ってみると、地方や辺境部まで急激な豊かさが起きている。全般的には習近平と李克強《りこっきょう》の政治（行政）は庶民層に支持されている。外側からの目でも、中国は極めて安定した国である。ただし地方はまだまだ貧しい。

それよりも、これから金融・経済を中心にして、ガラガラと崩れていくのは先進国のほうである。アメリカとヨーロッパ（ＥＵ）そして日本である。

「中国『7禁句』を大学に伝達　言論・思想統制を強化」

5月11日付の香港各紙によると、中国当局はこのほど、北京、上海などの大学に対し、自由・人権を意味する「普遍的価値」をはじめとする「七つの禁句」を大学の授業で使わないよう指示した。関係者の間では、習近平国家主席率いる新指導部が言論・思想統制を強化し始めたと受け止められている。

この指示があったことを多くの中国の大学関係者が各紙に明らかにした。「普遍的価値」のほかに、「報道の自由」「公民社会」「公民の権利」「（共産）党の歴史的誤り」

「権貴《けんき》資産階級」「司法の独立」が禁句とされた。

「権貴資産階級」は、権力と資本が癒着した階級のことで、一党独裁下の市場経済化で不正・腐敗がまん延する中国の現状を批判的に解説する際に使われている。「公民社会」と「公民の権利」も政治的に自由な市民の社会・権利を指すとして警戒されているようだ。

（時事通信　2013年5月12日）

この通りである。中国は今も統制社会である。

腐敗撲滅運動に潜む権力闘争の一面

そして、目下《もっか》推し進められている習近平体制での公務員たちに対する腐敗撲滅運動は次の通りである。

「中国の汚職撲滅運動、『ミスター・クリーン』王岐山氏に強大な権限」

中国共産党の習近平指導部が進める「反腐敗運動」ではこれまでに、共産党中央委員会の委員3人を含む政府高官ら8人が調査・逮捕された。そのなかには、ペトロチャイナの元幹部らもおり、国有企業が絡《から》む汚職調査としては、前例のない規模となっている。

汚職撲滅運動のキーパーソンが「ミスター・クリーン」こと王岐山《おうきざん》氏だ。王氏は、共産党中央規律《きりつ》検査委員会の書記であり党内序列は6位だ。

共産党の実態はベールに包まれている部分も多く、王氏が規律検査委《きりつけんさい》のトップとしてどのような活動をしているのか詳細は不明だ。王氏は公の場にあまり出ず、コメントしたとしても、中国指導部の大半と同じように、原稿を読み上げるだけだ。インタビューにもほとんど応じない。

エリートの特権はく奪を提案

中国では、共産党政治局常務委員会のメンバー（トップの7人）は、現職委員のみならず、引退した後も含めて、汚職調査の対象にはならないという不文律が存在した。ところがこの特権のはく奪を提案したのが王岐山氏だという。

王氏はまた共産党中央規律検査委員会の再編を行い、地方の指導部への調査を深めることができるよう、部署を2つ増やしたとされる。習近平総書記は、汚職撲滅運動の初期に、官僚主義や形式主義を排するためのガイドラインを公表した。米ブルッキングス研究所のリ氏によると「これは共産党中央規律検査委員会が作成したものだ」。

（2013年9月13日　ロイター）

習近平が汚職撲滅キャンペーンで狙っている相手は、10年前（2002年まで）の最高権力者であった上海閥の江沢民《こうたくみん》である。習近平も王岐山も、元は大きくは上海閥である。だから江沢民の子分だったのである。江沢民が育てたころの、習近平と江沢民の間に曾慶《そうけい》紅《こう》がいる。曾慶紅も現在はまったく表面に出ることがなく消えている。「石油閥」の大親分でもあった。現在、盛んに香港発行の政治言論雑誌（中国ウォッチャー）で書かれているのは、周永康《しゅうえいこう》がいつ逮捕されて、腐敗幹部の頂点として裁かれることになるか、である。周永康は、前の胡錦濤体制でナンバー9で、公安部長という思想統制のための政治警察のトップを務めていた。相当に各地の人民の民主化運動を弾圧したいちばん残酷な男だったらしい。

もっとも最近言われているのは、15年前に起きた気功集団法輪功《ファールンゴン》の公然たる中南海《ちゅうなんかい》での一万人の座り込みの抗議（1999年4月25日）を弾圧して逮捕して、法輪功信者たちをたくさん殺したらしい。彼らの死体が今も世界中をぐるぐる回っている人体の不思議展に展示されている人体標本の材料になったそうだ。これは真実の話らしい。だから、周永康とその親分であった江沢民に対する、中国全土のキリスト教徒（5000万人いるらしい）

の激しい憎しみを買っている。

2012年（1月14日。広東省烏坎村《ウーカン》の事件）の政権移行期の、広東省での民主化運動に対し、武力弾圧を主張したのも周永康（政法委員）であった。それに対して民衆にひどいことをしない、と決めている共青団《きょうせいだん》（鄧小平や胡耀邦《こようほう》が育てた）系である胡錦濤たちは、決して民主化運動に公然と賛成することは今もできないのだが、それでもあまりにもひどく民主化運動を弾圧した最高幹部たちの責任を追求せざるをえない、と今、動いている。

「習近平氏、反腐敗に決意？　江沢民氏の側近、周永康氏を拘束」

12月2日付台湾紙、聯合報《れんごうほう》は、中国の胡錦濤前指導部で共産党政治局常務委員を務めた周永康氏が12月1日、汚職捜査を担当する中央規律検査委員会に、汚職容疑で身柄を拘束されたと報じた。北京の消息筋は、共産党当局が2日に公表すると話しているという。ただ、同紙以外は報じておらず、信憑性《しんぴょう》は不明。

最高指導部である政治局常務委員の経歴者に対しては刑事責任を追及しないのが共産党の慣例だった。だが周氏の拘束は反腐敗に向けた習近平国家主席の決意を示すものだと同紙は伝えた。

周氏は党内で影響力を持つ江沢民《チャオヅーミン》元国家主席の側近とされ、「石油閥」の有力者とされた。中央規律検査委は、周氏の側近だった国有石油企業の元幹部らも汚職疑惑で調査している。

（２０１３年12月3日　産経新聞）

このようにかつての上海閥に対する汚職撲滅（反腐敗）のかたちを借りた権力闘争が確かに存在する。第六世代（共青団系の周強《しゅうきょう》と胡春華《こしゅんか》）に、8年後の２０２２年の党大会（第20大《だい》）で、権力が安定的に移行してゆくかを私たちは見守らなくてはならない。

民衆はインターネットで反撃する

権貴《けんき》財経というコトバで表わされる、国民から共産党支配への不満は、それなりの理由を持つし、細かないろんな点での中国社会の重苦しい面を反映している。それでも海亀派（ウミガメ派）と呼ばれるように外国留学から帰ってきたら、地方出身者でも中国でかなりいい立場や、企業の中での地位をもらえる。だから不満はかなり解消されている。あまり裕福でない層の子供たちまでが、ものすごい数で外国に出ている。語学留学生のかたちになっているが実際は相当にきつい労働者として外国で暮らしたであろう人々がたくさんいる。あまり多くは語らない。

中国の長い歴史に大きく潜んでいる腐敗した政治という問題は簡単なことではなくならない。だが政治の腐敗というのはどこの国にもある。中国だけが特殊に極端にひどいということはもうない。

民衆にとって、直接怖いことで、イヤなことは、警察官とのトラブルだろう。警察もいくつかに分かれていて、公安警察と、ただの地方警察と、それから暴動鎮圧用の武装警察（武警《ぶけい》あるいは特警《とっけい》という）に分かれている。治安警察と、司法部に所属する警察機構が、どうもかなり汚れている。いわゆる「黒《くろ》社会」と警察がつながっているというよりも警察官たち自身が黒社会（ヤクザ者の裏経済）をつくっていて、大きな利益を上げているようだ。

例えば日本人の男たちが中国で買春《かいしゅん》をした時に、ホテルの部屋に入ってきた女性とベッドで2人で裸でいるところに、突然ドアがノックされて警察官が現れる。そして、売春行為としての罰金の額を、その場で言われる。それは6万元であるようだ。この金額は中国社会では有名であるようだ。6万元というのは1元＝17円でちょうど100万円だ。

中国でそれなりの立場の人間や、外国人（日本人のビジネスマンたちを含む）は、警察署に連れて行かれることで表沙汰にされたくないという弱みを握られる。それでどうなるかというと、この6万元が急に20万元にふくらむのである。このもみ消し料の20万元が裏金のかたちで、そっくりそのままこの汚れた警察官たちの懐《ふところ》に入る。この20万元、すなわち３００万円が警察官たちの特別収入になる。

これ以外に公務員にはいろいろな許認可の権限がある。許認可権がそのまま賄賂の収入源として幅を利かせている。農民が都市に出て働く時の許可証のようなものの発行権限だろう。この「役人の袖《そで》の下」という腐敗した行動が中国にはまだ山ほどある。だから、中堅幹部の公務員たちでも都市部に５部屋や10部屋の高層アパート物件を持っているのである。いくら習近平体制が腐敗の撲滅を言っても中国の公務員たちの腐敗はなくならない。だからこそ、Ｐ99で前述したように、農民たちに直接農地の権利を分け与えるという大胆な改革に打って出ようとしている。

今ではもう都市部に流れ込んでいる農民戸籍の人々が、都市戸籍をことさらに欲しがらないという現象が急激に出ている。なぜなら、農民戸籍のままなら自分の出身の村で、一人１ヘクタール（１町歩《ちょうぶ》。１００メートル四方）を貰えるのである。だから、今までのように都市戸籍を、地方出身者が熱望して腐敗役人たちに賄賂を積んでいろいろな便宜を図ってもらう必要もなくなっている。都市戸籍は今や20万元以上のアパートを都市で持てば取得できるようになった。

李克強首相が推し進めている政策が「都市化」である。しかし、この都市化というのは、ただ単にアーバン・デベロップメント（農村地帯を都市商業地に変えること）ではなくて、反対に、中国全土を住宅地および工業地帯に変えていくことである。大きな目標として北京の指導部は、地方政府（各省の地方幹部たち）をだまして、彼らから特権を剝奪し、地方の旧弊（悪幣）を奪い取ろうとしているのだと私は考える。だから、今度の3中全会の決議は、農地解放および都市住民の住宅地解放の意味を持つのである。そうやって地方幹部たちが握り占めている特権が、実質的に切り崩されてゆく。だが、すでにひとりで何百億円も蓄えた地方幹部たちがこれで消えてなくなることもない。地方は地方で負けていない。「上《うえ》に政策あれば、下《した》に対策あり」と言って中国人は皆で笑う。これも有名な言葉だ。

公務員の汚職の腐敗は急激に減りつつある。習近平が大号令をかけているので、公務員のたかりや裏金要求が激減している。習近平はこのことを政権発足（2013年3月の新体制への移行）の時に、国民に約束した。あの時、習近平は平易な言葉で「私たち共産党もこれまでの悪い点を直すので、皆さんも応援してほしい」と言っていた。

今、中国の公務員や共産党員たちが心底《しんそこ》恐れているのは、インターネット上で実名を挙げられて悪事を書かれてしまうことである。汚職の現場をスマートフォンで撮影されて画像がアップロードされると、それらは15分後には消されるそうである。しかしまた誰かが同じ文章や画像をインターネット上に載せる。そしてワーッと多くの人々の注目を浴びる。中国版のツイッターあるいはSNS（ソーシャル・ネットワーク・サービス）である「微博《ウェイボー》」や「人人網《レンレンワン》」というのがある。それらで名指しで実名が晒《さら》された公務員は大慌てに慌てる。そこへ新聞記者と呼ばれる者たちからの調査報道が来る。そうしたらもうその悪人公務員は逃げられない。逮捕される。だから現在では公務員や警察官たちのゆすりたかりの類が急激に減っている。それが2013年からの習近平時代の中国社会の大きな特徴である。

中国の高度成長は終わりに近づいている

腐敗摘発には中国の過熱経済（バブル経済）を冷やす役割もある。役人、公務員の民間企業への宴会のたかりや、民間企業の経営者たちへの裏金の要求が減ると、社会が清潔になっていいことである。

だが、より大きな経済法則の目からは、中国の過熱経済が終息していく傾向《トレンド》になる。おそらく中国の高度成長経済（年率10％台の成長が20年以上続いた）が終わりに近づいている。2013年は前年比で年率7・4％の経済成長率《エコノミック・グロウス》であったようだ。2014年の目標は7%だ。2012年までの「保八《ほはち》」(8%台をなんとしても維持する)のスローガンは消えた。この傾向は今後も続く。しかし、今の中国の指導部は馬鹿ではないから、ユーラシア大陸の内陸部に向かって巨大な人口移動を促進して、成長を持続させるだろう。だから私は中国の未来を少しも悲観していない。中国衰退論や中国崩壊論を言い続けた者たちは、すでに赤っ恥もので、自分の内心に向けて恥ずかしがっている。

中国の株価はP101の図表に示した通り、上海総合指数で2000ポイントで低迷したままである。つまり株式投資でボロ儲けする時代は5年前に終わっている。2007年の10月につけた6124ポイントもの超高値はしばらく起きない。今もアメリカの大銀行たちは、中国株の上場《じょうじょう》(=公開)時期に投資したお金を、どんどん売り払ってアメリカに資金を戻している。だから中国株はこの先もそんなに上がることはない。だからと言って、この先暴落するということもない。外国資本が国外に資金を持って帰ろうとする分を、中国国内の引き受け手(それは、その合弁企業の現職の幹部の中国人たちだ)が株式を買い取る(=引き受ける)ので、中国の株価はこのままずるずると変わらない。

少し心配なのは、今でも大都市部では不動産価格(高層アパートの値段)が過熱したまま一部で高騰している。この一年で6・9%の値上がりだ。李克強首相は、「いったいどこからこれだけの過剰な資金が流れこんでくるのか自分にもわからない」と苛立っている。

しかし私の見るところでは、どうも中国政府自身が、不動産価格を抑えこんで住宅バブルを完全に絞め殺してしまおうとは考えていない。

前述した通り大都市の高級な高層アパートの値段は、２０１１年のピーク時から半値にまで下がっている。それでもまだまだ低所得者層や若い夫婦たちには手が届かない高値である。６００万元（１億円）のアパートが買える上層から上が中国の小金持ち層である。都市市民《シチズン》（上層市民）である。比べて中国の田舎（辺境）に行けば、20万元（３４０万円）で住宅が買える。

おそらく来年２０１５年くらいからアメリカ、ヨーロッパ、日本の先進国は金融恐慌のかたちで引き起こされる大不況に突入するから、中国としてはじっとこのまま堅実な成長を続ければいい。

中国は地方政府が握りしめている土地を国民に手放すかたち（農地解放）で、中国のこれまで以上の成長を狙っているのだと大きくは考えざるをえない。世界最大の大地主は中国共産党である。今中国の悪口を言う専門家たちは、地方政府（31ある省と自治区と直轄市）が抱える巨大な財政赤字、それは15兆元（２６０兆円）くらいあるので、これで中国の経済は破綻すると言っている。

中国では、鉱物資源が今も辺境地帯、特に西部地域（新疆ウイグル）と内モンゴルで、あらゆる種類の鉱物資源が見つかっている。それには金《きん》鉱脈とウラン鉱脈がふくまれている。中国の鉱物原料の供給（自給生産）は、エネルギーである石油と天然ガスの生産を除いては、ほぼ達成したと言える。オーストラリアからの鉄鉱石とコークス（高級な製鉄用の石炭）を中国が自給できるようになれば、これも輸入しなくてよくなる。

世界中で鉱物類（コモディティ。戦略物資）の値段が全体としては安くなっている。すべてのコモディティ（鉱物、エネルギー源の他に農産物をふくむ）を示すCRB《シー・アール・ビー》指数（コモデティ・リサーチ・ビューロー指数《インデックス》）は、2011年4月から下がり続けている。このことは、世界的なデフレ経済が続いている現状に対して決して悪いことではない。

しかし、まだ広大な荒れ地のままの土地の資産価格と、開発されていない天然資源の分を見積もると、おそらく中国の国家赤字の10倍くらいの含み資産（資金）を中国は持っていることになる。だから中国はあまり恐れるものがない。それよりはやはり農民一人あたり現在でも0・5ヘクタールしか持っていないとされる農地を、大幅に増やしてあげれば、ものすごい成長が期待される。

中国のシャドーバンキング問題

中国でいわゆるシャドーバンキングが騒がれたのは、2013年に入ってからである。

中国経済が抱えるシャドーバンキング問題というのは、簡単に言えば、かつて日本で騒がれた「ノンバンク」といわれる、銀行ではない暴利の金融会社が抱えている過剰な与信（信用供与）のことだ。すなわちサラ金である高利貸しや、住宅ローンへの上乗せの金利や、クレジット・デリバティブと呼ばれる新式の証券化商品（投資信託）などの総額のことである。中国語では、「影の子銀行《インズー・インハン》」と言うらしい。

　中国のシャドーバンキングの総額は30兆元（1元＝17円で計算すると500兆円。5兆ドル）と言われている。これは中国のGDP9兆ドル（55兆元）の55％にまで膨らんでいる。これがたいへん危険なことであるように騒がれた。しかし、中国にとってはこれぐらいの非銀行《ノンバンク》金融分野での過熱した経済くらいは、がぶがぶと飲み込んでいく。ほとんど問題にならない。

　このシャドーバンキングの原因は「理財《りざい》商品」と呼ばれる高利回りの投資信託などが売られるようになったからだ。中国では金融（や投資）のコンサルタントのことを理財師《りざいし》と言う。一部の投資信託（ファンド）は、確かにその発行元の不動産会社（デベロッパー）や建設会社が破綻・倒産するかたちで償還（返済）不能となって、社会的不安が起こり問題化している。これらの背景には前述した地方政府（省や直轄市などで31ある）と国有企業が抱える借入金や不良債権の大きさの問題と重なっている。

最新の状況は、中国政府（北京の中央政府）がそれとなく背後から資金を供給して、経営危機に陥った金融会社などに上手に裏から資金を供与しているようである。それが次の記事に見られる「政府による救済劇」である。

「信託商品　救済でしっぺ返しも　シャドーバンキング拡大の恐れ」

中国の富裕層向けの高利回り信託商品の期限ぎりぎりでの救済劇があった。中国本土のシャドーバンキング（影の子銀行）への資金は、6兆ドル（約616兆円）規模に膨らんでいる。今回、救済策が実行されたことで、さらにこの高利回り商品への資金の流入が起きる危険性がある。この動きは、過度なリスクテーク（をしないように、その）抑制を目指す中国当局の取り組みに反するものだ。

問題となっていた中国最大の銀行、中国工商《こうしょう》銀行が販売していた30億元（520億円）の信託商品は救済策により、購入していた投資家たちが、元本返済を受けるための権利を不特定の買い手に売却することができるようになった。この商品は償還期限が1月末に迫っていた。（広東省）広州《クワンジョウ》の投資家の1人は、同行の提案を受け入れ、利息の支払いを求めて工商銀行の支店を訪れた。

中国で最大規模となる信託商品のデフォルト（債務不履行）はこのようにして回避

された。信託商品には暗黙の保証があり、政府がこうした高リスク商品の信用を支えてしまったと考える投資家たちもいる。中国の信託市場の規模はすでに10兆元（１６０兆円。１・６兆ドル）ある。この信託市場への投資意欲をさらに煽《あお》ることに、今回の救済策がつながることも考えられる。

世界2位の経済大国となった中国は政府の役割を減らして（引用者注。市場の役割を重視することで）、政府債務の削減に努めている（引用者注。政府債務のうちいわゆる「財政赤字」は中国の場合、６・５兆ドル＝６５０兆円＝38兆元である）。今回の救済劇は金融と社会の安定維持を目指す中国当局への圧力となって表われている。

ＢＯＣインターナショナル・ホールディングスの張戬ストラテジスト（北京在勤）は、「今回の救済策は市場に短期的な安心感をもたらした。しかし、長期的には信用危機を将来に起こさせる代償を払った。モラルハザード（倫理観の欠如。投資家に責任を取らせないこと）の問題が悪化した。信託やウェルス（富裕層向け）マネジメントなどシャドーバンキング商品への投資で、投資家自身が引き受けなければならないリスクをほぼ無くしてしまった」と述べた。

（２０１４年1月28日　ブルームバーグ）

このようにして、中国政府は表に出ないかたちで大銀行たちに命令して、発生した信用危機やデフォルトした金融商品の回収を行っている。右記の記事にある救済策が、中国政府の財政部（日本の財務省にあたる）が行っているのか、それとも中央銀行である中国人民銀行が監督する金融政策（マネタリー・ポリシー）として行われているのか、わからない。

返済不能に陥った高利回り投資信託は、元本だけを中国工商銀行の子会社のような金融会社に買い取らせるかたちで全額償還している。投資家はなにも痛みを感じなくて済んでいる。中国ではまだこのように金融制度が健全で穏和な段階にある。日本の1999年の巨大な金融危機（大銀行や証券会社の破綻）や、アメリカの2008年9月のリーマン・ショックのような金融崩壊に近い危機にくらべれば、まだまだずっと前の段階である。遅れて来た者の有利性である。残りものに福がある、だ。

なぜ、こんなわずか520億円（30億元）くらいの信用不安（投資信託の償還不能《デフォールト》）で騒がれるほどのことなのか私にはわからない。これもいつもの中国腐《くさ》しの一部だ。それよりも実情として今も高度成長経済にともなう旺盛な資金需要があるものだから、中国政府も管理できないところでの高利貸しや闇《やみ》金融のたぐいの問題のはずなのだ。

中国の一般庶民向けの住宅ローンは年利6％くらいで、ひとり平均で70万元（1000

万円）くらいを借りている。しかし、勤め先がしっかりしていなくて収入が安定しない人の場合は、銀行が融資（住宅ローン）を出したがらない。だから、30年前に日本でも騒がれたノンバンクの代表である信販会社やサラ金大手や「日本住宅信用抵当」のような金融会社から、上乗せ金利を付けたかたちで住宅ローンが下りているのである。おそらく普通の住宅ローンにさらに倍くらいの上値せ金利がつけられているだろう。だから年利10％から20％くらいの高金利の融資（借入金）になっているはずである。ひどい場合は年率50％とか80％の暴利の金融会社から借りることになる。私は中国に利息制限法や出資法《しゅっしほう》のような法律があるのかわからないので、社会の実像や生の断面のところは聞き出せない。外国人には分からない。その国で生まれ育った人間だけが肌合いで知っている真実である。

例えばアメリカには「ローン・シャーク（借金の取り立て屋）」、「グリム・リーパー」（grim reaper　貸し剝がし屋）」と呼ばれる恐ろしい暴力団そのものの、日本で言えばかつて「街金《まちきん》」と呼ばれた残忍な暴力的借金取り立て業者がいる。中国にもきっとそういう暴力金融の実体があるはずである。それはあらゆる民族に厳然と存在する裏側の真実である。だから私は、表面のきれいごとで中国の分析や観察を行いたくない。

これらの中国のシャドーバンキングと呼ばれているものも、その裏側は大手の銀行や国営企業や地方の腐敗幹部たちが極秘につくっている金融会社（ノンバンク）で、たとえば金利を3%ずつ何度も上乗せすることを繰り返すことで、ぼったくりの金融商品に仕立てあげる。そして、それらを「高利回りの投資商品」として、まるできれいな金融商品（ファイナンシャル・プロウダクト）であるかのように見せかけて、売ってまわっているのであろう。それが「富裕層向けの高利回り商品」なるものの実態である。

こういう現象は高度成長経済のさなかにある新興国では当然に見られることである。ただし、外国人にはそのような生の現実はなかなか見えるものではない。

金融というのは、ユダヤ人の精神である強欲（グリード）から生まれた。ユダヤ人に負けないだけの中国人の経済活動の長い歴史を見ていると、同じように残酷な、お金と金利をめぐる血みどろの実情があるだろう。中国人は「ユダヤ人なんか恐くない」と言うからこっちが驚いてしまう。

お金（マネー）というものは、人間の体から血と脂を絞りだすようにして生み出されるものである。動物は、お金などという惨《むご》たらしいものを持たない。

だから、このシャドーバンキング問題で中国のことを貶《けな》したり、崩壊予測をするなど愚の骨頂である。まじめに考えれば、どこの国にも今どき「富裕層向けの高利回り商品」などあるわけがないではないか。先進国の金持ち（含む日本）は、5年前にすべて大損して痛い目に遭ったのだ。

教師のアルバイトと教育〝過熱〟現象

今、中国で騒がれているのは、学校の教師たちの高給アルバイト活動である。わかりやすく言うと、受験産業にのめり込んでいる多くの教師たちの姿である。これには中学高校の教師たちだけでなく、大学教授たちも含まれている。

社会から尊敬されてきたはずの、だが清貧《せいひん》の職業である教師業が貪欲な金稼ぎ、蓄財人間たちとして驚き呆れられている。

高校の教師や大学教授たちが受験予備校や個人指導で給料の数倍ものお金を稼いでいる。そういう者たちがたくさんいるそうだ。「1時間教えると1000元を取る有名な教師たちがいる」と中国人どうしで驚き合っている。時給1000元ということは、1時間で1万7000円の収入ということである。

現在でも街の飲食店で働いている地方出身の若者たちは月給が2000元（3万4000円）である。ちなみに10年前（2004年）には月給800元（1万円）であった。だから低所得者層の月給の半分を1時間で稼ぐということである。

このような高額の特別収入を得ている学校教師たちが、ものすごい数でいる。「補講授業」

と言うらしい。いったいどういう科目で何を教えているかまではわからない。また、それほどのメリットや特別な利益があるのか。音楽や美術などの特別指導ならわかる。日本の芸大の教授たちも秘かにやっている。ところが、中国では英語の授業や物理や数学などの授業とか、外国留学のために必要な個人指導の試験対策を教えるようである。そのために親が多額のお金を払っている。何がそんなにすごいことなのか、私たち日本人にはピンとこない。

恐らく異常に過熱している受験競争、受験地獄のようなものが、中国では極端なところにまで行き着いているのだろう。

教育熱心とか、親が子どもにかける夢というのは、どこの国でもある。社会が明るいという意味では、親の学歴よりも子どもの学歴が上がっていく時の社会（国）が、一番明るい社会である。日本も1990年代までそれがあった。私が大手予備校で教えていたころは、まさしくそうだった。地方の県の親たちはだいたい高卒だった。だが、その子どもたちが、一族の中で初めて大学に進学できるようになったのだ。1990年に〝狂乱地価（地価高騰）〟でピークをつけた日本のバブル経済で、その前の高度成長経済で生活に余裕ができたので子どもの世代がようやく大学に行けるようになったのである。だから非常に明るい雰囲気がそのころの日本の地方都市にはあった。おそらく今の中国はその段階にあるのだろう。

ところが、そのころでも私が東京の本校で教えている時には、もうすでに逆転現象が起きていた。明るくないのである。父親が東大、母親がお茶の水女子大学で、息子が専修大学みたいなケースが、すでに80年代から出現していた。金属製の置時計で自分のじいさんを殴り殺した孫がいた。家族のなかで自分だけが学校教育の落ちこぼれであった。家族にイジメられ過ぎたこの青年は、東大名誉教授の英文学者を殴り殺した。よっぽどいじめられたのだろう。あの事件が象徴的であった(1982年)。

あるいは今の医者の家庭では、どうしても息子を医者にするというおそろしい掟がある。狂っているとしか思えない残酷なしきたり(慣習)である。医者の息子たちで生来学校の勉強ができないで生まれついているのに、無理やり医者にならなければいけないという地獄の苦しみを味わっている子どもたちがいる。

大気汚染もかつての日本が経験したこと

日本はすでに成熟国家である。成長が行き着いて限界にまで到達した国である。だからもう何もすることがない。身のまわりのもので買いたいものがない。自動車も贅沢な洋服も要らない。ご馳走など食べなくてもいい。栄養の摂り過ぎで体をこわすだけだ。これが成熟国家あるいは老人段階に入っている私たちの日本である。だから、政府がいくら「成長戦略」と言ってみても、その中身がまったくない。それに較べれば中国を筆頭とする新興国（BRICS《ブリックス》）の隆盛は未《いま》だに衰えることを知らない。いろんなものが上からタダで降ってくる感じだ。これが成長段階にある国というもののイメージである。

私が日本の言論人としてはたった一人だけ、「それでも中国は巨大な成長を続ける」（2013年の自著の書名）と書くので、中国の肩をもつヘンな人間と思われている。が、私にしてみれば長い人類の歴史を俯瞰《ふかん》し展望しているから、ドカーンと大きな真実がわかるのである。

未だにあれこれ見える汚ない中国社会の様子を私が無視しているのではない。それらの汚らしさやみじめさは、かつて私たち日本人が経験してきたことである。その一つの現れが去年から騒がれている北京の大気の汚染のひどさである。

「北京の大気汚染ついに『爆表』高濃度PM2・5　今年初の警報」

中国・北京では1月16日、大気の汚染レベルを示す指数が、市中心部の計測地点で一般的な表示の上限である500を突破する「爆表《ばくひょう》」状態に相次ぎ陥った。同市の大気汚染緊急指揮所は、最も重大な汚染を示す「ブルー」の警報を15日深夜発令し、市民に戸外での活動を控えるなどの防護措置を呼びかけた。

郊外を含めた北京市全体での汚染指数も15日深夜から430前後に上昇。微小粒子状物質PM2・5の濃度は、米国大使館付近で16日未明に大気1立方メートルあたり最大671マイクログラムを計測した。瞬間値に対する暫定的な比較では、中国政府の基準値（1日平均75マイクログラム）のほぼ9倍で、日本の基準値（同35マイクログラム）の実に19倍にあたる。

華北地方で大気の流れが悪くなる気象条件となったことが主な原因とされる。北京日報（電子版）は17日までこの状態が続くと伝えた。

（2014年1月16日　産経新聞）


今も北京の大気汚染はこのようにひどい状態が続いている。その原因は、自動車の排気ガスと工場からの排出物であろう。それ以外に建物のすべてで石炭を暖房用に燃やすので、その煤煙（スス）が北京市全体をおおっている。中国のエネルギー消費の70％は今も石炭である。北京は黄土高原につながる北方の乾燥地帯に属するために、雨が少ないということも原因であろう。

中国政府は現在、ものすごい勢いで工場の北京市中心部からの移転を実行している。それと自動車の排ガス規制を、自動車メーカーに対して基準値（ヨーロッパ基準の第4段階）の順守を命令している。

40年前の日本もあれと一緒だったのだ。私が40年前に九州から東京の大学に入って出てきた時は、東京の空気のよごれのひどさに喉をやられて苦労した。40年前（１９７０年代）は、新聞やテレビで小学校や中学校の朝礼で東京の子どもたちが光化学スモッグでばたばたと倒れていった。テレビや新聞も毎日、大気汚染を騒いでいた。私たちはいつ、あの「光化学スモッグ」や「オキシダント濃度」というコトバを忘れたのか。新宿駅前には大きな電子掲示板が置かれていて、「ＰＰＭ７・５」という数値が表示されていた。

あのＰＰＭ７・５と、今の北京の空気の「ＰＭ２・５」とがどう違うのか誰か私に説明してくれ。ということは、今の北京のＰＭ《ピーエム》（パーティキュレット・マター　粒子状物質）の浮遊による空気の悪さもあと数年で解決する。なぜなら上海の空気はかなりきれいになったからである。8年前（２００６年）に上海に調査に行った時は、幹線道路《ハイウェイ》のあまりもの空気の汚さに私は喉をやられて、ひどい目にあった。今の上海は川の水もきれいになり（青ミドロが減って）、空気もかなりよくなっている。同じことが北京でも起きるだろう。

あるいは、前の本で書いた通り、北京から政治都市機能（首都）だけを河北省の洛陽《らくよう》のそばに移すのではないか。

北京の大気汚染の問題はやがて解決するのである。それは19世紀（1800年代のすべて）に、ロンドンで石炭の使用によるものすごい空気の汚れがあったことと同じことが北京で起きているのである。当時のイギリスは世界の工場であり、まさしく大英帝国であるから、その帝都が同じような大気の汚れ問題を抱えた。ロンドン中の煙突から立ち上る黒い煙に乗って、『メリー・ポピンズ』（映画、1964年）という雇われ家庭教師の女性がやってきた。彼女は『チム・チム・チェリー』という煙突掃除の男たちの歌に合わせて踊った。あの当時のロンドンの様子も、それこそ皆んなの顔が外出すればすぐに黒くなるくらいの汚れかたであった。

中国は石炭で部屋の暖房をやっているから、大気が汚れる。石炭から出るNOX《エヌオウエックス》（窒素化合物）を取り除く技術（脱硫装置）を、ビルごとに取り付けなければいけない。

中国は石炭がエネルギー（燃料）の7割だから、これからは石炭を液化するということが大事である。この石炭液化《コール・リクイディション》の技術は日本が持っている。液化石炭にして排ガスを完全に取り除くことができる。この技術はドイツにもあって、高級車のメルセデスベンツが、燃料である軽油（ディーゼル・オイル）から窒素化合物を完全に除去した。これらの技術を中国が導入して活用すれば、中国の大気汚染もそれほど大変なことではない。

日本でもつい最近まで大型トラックが、ディーゼルエンジンの例のものすごく黒い排ガスをまき散らしながら走っていた。あの状況が日本でも5年前まであった。だから中国は必ずヨーロッパや日本に遅れて水と空気を綺麗にする目標を先端技術を導入することによって問題解決する。それを5年くらいで大都市部では達成するだろう。


話を教育問題に戻す。

このようにしておかしな教育〝過熱〟現象が中国で起きているとしても、それは日本よりも40年ぐらい遅れて起きている後追い現象であると考えればなんとか理解できる。「一人っ子政策（ワン・チャイルド・ポリシー）」のために子どもの教育に異常に熱心になっている変な国である。日本はすでに成熟国家で、衰退国家になっているから、子どもに夢を託すということは、もうなくなった。また子どもが必ずしも自分より勉強のできる子どもであることは、もうなくなった。だから、子どもの教育に夢をかけるのは、狂った一部の母親たちの間では日本でも存在するが、一般的に父親や男たちの間では熱は冷めている。男は、子どもに「まあ、お前なりに頑張りなさい」と言うだけだ。

中国の学校教育や教育産業の異常な隆盛と繁栄は、それは中国がまだ成長の途中にある国だからだ。国民の中に「貧乏から這い上がるぞ」という夢と希望が未来に向かって存在している。だから子どもたちに夢をかけて、かつ外国留学をものすごい勢いでさせる。この事態は経済バブルの一種であろう。私は非難すべきことではないと思う。

中国だって放っておけば、やがて成熟したアメリカやヨーロッパ、そして日本みたいな社会になることは目に見えている。たぶんそれはまだ30年ぐらい先であろう。まだまだ中国の貪欲な成長はこれから続くということである。

外務省のチャイナ・スクールは全滅したのか？

日本外務省の「チャイナ・スクール」はすべて潰された。

日本の外務省北米局《ほくべい》の外交官たちが、北京の日本大使館にどんどん赴任している。中国語のできる親《しん》中国派の外交官たちは左遷《させん》されてアフリカや南米諸国に飛ばされた。わざと見るからにボンクラ人間が中国大使になっている。外務省北米一課の出身で現在、総合外交政策局・国連政策課長の有馬裕《ゆたか》という人物がいる。彼は激しく中国と敵対するように育てられた人物である。つまり中国側との外交官レベルでの話し合いは、今やほとんど行われていない。つまり中国語を勉強して、中国側の外交官たちとあれこれ話をして両国間の問題を解決しようという対《たい》中国向けの日本人外交官たちであるチャイナ・スクールは全滅させられた、ということである。

このことは、安倍晋三とその周辺の右翼的な政治家・官僚たちは、中国との戦争も辞さずという動きに出ていることを表している。この重要な事実は日本国民にはほとんど知らされていない。

安倍首相は口では「対話の窓口は開かれている」と言うが、自分たち自身がこのような恐ろしい対《たい》中国路線に着々と踏み出しているのである。その当然の報いが、本書第1章で述べた安倍晋三の「ザ・カルト・オブ・靖国《ヤスクニ》」問題の噴出である。アメリカからさえ嫌われ疑惑の目で見られる靖国参拝の強行のかたちであらわれた。あのあと安倍晋三は、中国や韓国からの反発や怒りだけでなく、世界中から「日本は戦争を始める気か」と疑われ始めているのである。中国が攻めて来るから防衛の戦争の準備をしているのだ、と反論するのだろう。

次に載せる新聞記事は、日本と中国の激しい外交の場面での、その裏側の国家情報官（インテリジェンス・オフィサー。国家スパイ）たちの、相手国への非合法な工作活動や情報収集活動の一端を如実にうかがわせる。

「外務省、政務《せいむ》公使に異例の帰国命令　中国に帰任せず」

日本外務省が在中国日本大使館の垂秀夫《たるみひでお》政務公使に対し、帰国命令を出していたことが11月23日、わかった。命令は18日付で出された。

垂公使は9月上旬から日本に戻っており、沖縄県・尖閣諸島の領有権をめぐって日中が厳しく対立する中、対《たい》中外交の司令塔となる政務公使が2カ月以上も不在という異常事態が続いていた。

垂公使は9月上旬、「重要な職務がある」（大使館員）ために一時帰国した。その後、9月11日には尖閣諸島国有化から一年の節目を迎えて反日運動が活発化する恐れがあった。10月末には日中平和友好条約締結35周年の記念行事も開かれていた。

また中国共産党は11月9〜12日に今後五年の政策方針を決める第18期中央委員会第3回全体会議（3中全会）など重要会議を北京で開催していた。

政務公使には、日本政府の対中国政策決定につながる情報収集のほか、中国の政治動向の分析など重要な職務がある。対《たい》中国外交の中心人物の不在は、大きな問題に発展する可能性がある。

垂《たるみ》公使は9月上旬に帰国して以来、一度も中国に帰任していない。
帰国命令に関し日本大使館（北京）の堀之内秀久筆頭公使は「いろんなケースがあり、何も承知していない。垂公使とは9月6日に食事をしたのが最後だ」と話している。垂公使は１９８５年、外務省に入省。中国語を習得した「チャイナスクール」のホープといわれる。
戦後初めて民間から中国大使に就任した丹羽《にわ》宇《う》一郎《いちろう》氏（伊藤忠商事前会長）が２０１０年７月末、中国に着任して間もなく、垂公使は丹羽氏を補佐する役目も担い、外務省の中国・モンゴル課長から転任していた。

（２０１３年11月24日　東京新聞）

このように表面化しただけでも不可思議な動きが出ている。垂《たるみ》公使は中国の高官たちに食い込んで、きわどい情報を持ってくると評価されていた。その手段は中国の官僚たちを酒やサウナで接待して女性をあてがうことまで厭《いと》わなかったと、政治経済情報誌の『選択』２０１３年12月号に書かれている。中国側の中央規律《きりつ》検査委員会や国家安全《あんぜん》部（中国のＣＩＡ《シーアイエイ》）が動いて、汚職捜査の一環として垂公使に捜査の手が及んだのだろう。だが垂公使はチャイナスクールのホープなのだから安倍政権が潰したのである。

このような激しい情報戦争を国家間は行っている。そしてまた事件は続く。日本の内閣府の情報収集担当の職員（30歳）が、アメリカから韓国へ飛んで、そのあと北九州でゴムボートで死体で見つかったという事件まで起きている。

「死亡の内閣府職員 船外機など購入か」

北九州市の沖合でゴムボートが転覆して、近くで遺体で見つかった内閣府の男性職員が、韓国入国後に南部の都市、プサンでクレジットカードを使って、ゴムボートに付ける小型のエンジンなどを購入した可能性のあることがわかりました。

この職員は韓国に入国したあと、行方がわからなくなっていたということで、海上保安本部などが詳しいいきさつを調べています。1月18日、北九州市沖の防波堤近くで、漂流していたゴムボートが転覆し、2日後に近くの海底から内閣府に勤務する30歳の男性職員が遺体で見つかりました。

第7管区海上保安本部などによりますと、この職員は、先月上旬にソウルで開かれた国際会議に出席するため、留学中のアメリカから韓国に入国し、その後、出国した記録がないまま、行方がわからなくなっていたということです。

さらに、その後の調べで、この男性職員が韓国へ入国後に本人名義のクレジットカードを使って南部の都市、プサンでゴムボートに付ける小型のエンジンや防寒着を購入した記録が確認されたことがわかりました。

転覆したゴムボートと、付いていた小型のエンジンはいずれも韓国製で、発見された際、職員はフード付きの防寒着を2枚重ねて着ていたということです。海上保安本部などは、男性がみずからエンジンなどを購入した可能性もあるとみて、関係機関と連携して、発見されるまでのいきさつをさらに詳しく調べています。

（2014年2月2日　NHK）


この奇っ怪な事件が否応なく明るみに出た背景には、中国だけでなく北朝鮮の軍事スパイたちと、日本の情報部員（国家スパイ。外事《がいじ》警察官だろう）との激しい殺し合いの劇などがあるのであろう。

実際に私が、新聞記者たちからこれまでに聞いている範囲でも、日本の外事《がいじ》警察官（大きくは公安警察＝政治警察の一部）は、例えば日本国内で北朝鮮のスパイを捕まえて拷問にかけ、情報を取ったあと殺して死体を海に沈めるといったことまでするらしい。そういう非人道的な違法なことをすると、それに対する反撃がくる。相手方も黙ってはいない。「蛇《じゃ》の道は蛇《へび》である」から、この蛇たち同士の激しい殺し合いは、私たち国民のまったく知らない水面下で繰り広げられている。

日本の外事課の警察官や、自衛隊の教育隊（実質的に日本の戦前の憲兵隊に匹敵する）に所属する非公然活動を行う公務員たちは、戸籍や住民票を消して生きているそうである。

私の知人の息子もそのような危険な人生を生きている。彼らは自分の家族にもその職務（公務）内容をいっさいしゃべらない。せっかく公務員になっても、まるで現代の忍者部隊のような、あるいはそれよりもっとひどい暴力団（ヤクザもの）並みの〝けもの道《みち》〟に連れ込まれてしまった人生である。いったん〝けものみち〟（松本清張の1964年作の小説の名前）にまぎれこんでしまったら、もうその人はそこから出てくることはできない。このような残酷な国家間の争いを行いながら世界は続いていく。

どうせ公安（外事）警察官や日本の外国向けの情報《インテリジェンス》収集官たちは、戦前の日本陸軍の中野学校の卒業生（陸軍士官学校に合格しなかった者たち）のような者たちであり、外地《がいち》で使い捨てである。下っ端の公務員たちは最前線で使い捨てられていく。こういう恐ろしい裏の世界は現に存在する。中国問題専門の優れた評論家のようにしているが、富坂聰《とみさかさとし》氏も現職の外事警察官であろう。違法で犯罪的な行動までを国家機関が行っているとは、今の平和ボケした国民は考えもしない。明日は我が身である。

香港の北の深圳がやがて香港まで包み込むだろう

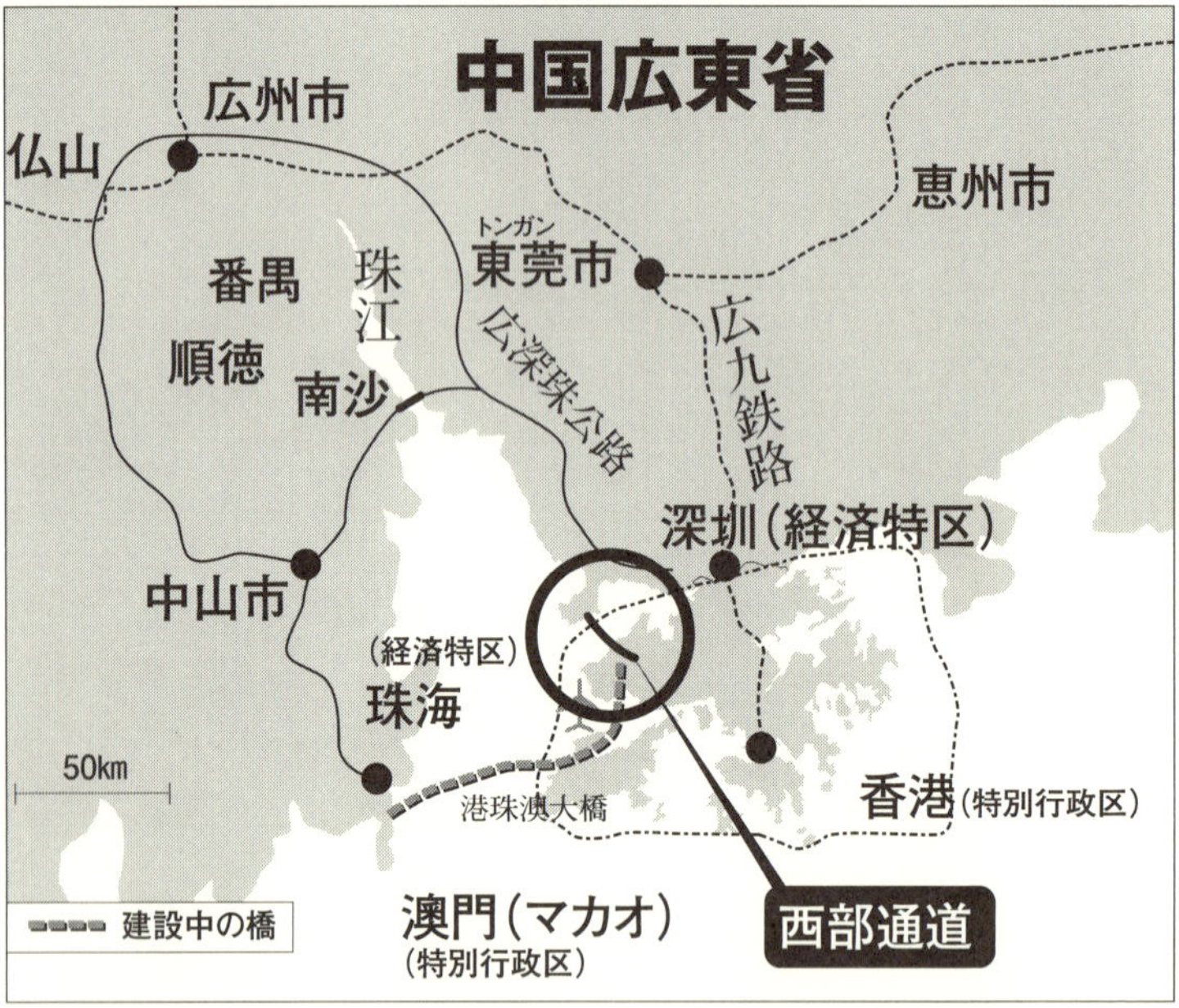

広東省《カントン》（人口1億人）の省都は広州市（人口1300万人）であり日本のトヨタやホンダが進出している。広東省は温暖なので、中国全土から海沿いの高層アパートに移住して来るブームが続いている。「珠江《じゅこう》デルタ地帯」と呼ばれる大きな三角湾の全体で開発が進む。歴史的に広東省は「独立国家」であり北京や上海と競い合う。

第4章

香港・深圳で目撃した大きな資金の流入

発展が続く珠江デルタ地帯

２０１３年12月に、私は香港、深圳《しんせん》を調査して回った。ついでにマカオへ渡ってカジノを見学し、マカオの北に隣接する、運河を一つ隔てただけの国境線でもある珠海《じゅかい》地区（珠海市）も見た。運河沿いにどこまでも続くものすごい数の高層ビル（30階建てぐらい）が続いていた。

私は１週間調査した。香港（人口７００万人）は観光都市だから、日本人で行ったことがある人は何百万人もいる。Ｐ１５０の地図に示す通り全体が「珠江デルタ地帯」と呼ばれる。

私が一番びっくりしたのは、やはり深圳《シェンジェン》の巨大な変化であった。深圳は今や１６００万人の大都市になっていた。１年で人口が１００万人ずつ増えるそうである。深圳は香港の北隣りで、「深圳経済特区」と呼ばれる地区である。特別区扱いである。

香港からは私はいつも通り鉄道で真北に向かった。出入国のゲートを通って、深圳側に渡った。パスポートチェック等で30分もかからなかった。

私を案内してくれたのは、深圳で日本企業の中国進出の手伝いのコンサルタントをしている。高澤真治《たかさわしんじ》さんといい、北京大学を卒業している。日本の高校を卒業した後、18歳で北京に渡った人だ。彼は北京大学時代の自分の同級生たちのネットワークを使って、各省の地方の幹部たちのところにも食い込でいる。こういう両国をつなぐ人材がいなければ、日本の企業進出はできない。高澤氏への連絡先は takasawa@sztbc.net と stakasawa1971@yahoo.co.jp である。

中国人に日本語が非常によくできる人がたくさんいる。彼らは日系企業に雇われている。まだ貧しかった中国で、外国との関係をつくって豊かな暮らしを手に入れようと思えば、日本語・日本文化を必死で勉強することは、1980年代の中国人にとっては、切実でありものすごく人気のあることであり、生産性が高い人生を選んだことになる。

1980年代の10年間は、日本のテレビドラマやアニメが、中国全土で爆発的な人気をよんだ。中国は70年代までの絶望的な貧しさから立ち直り這い上がりつつあった。そして、気づいたら「すぐ隣りに西洋文明化した同じアジア人の先進国があるではないか。だから、日本を仲介（間に入れることで）して、欧米の文化や先端技術や豊かさを手に入れよう」という大きな決断が中国側にあったのである。

ところが、1989年6月に天安門事件＝「六四《ろくよん》事件」が起きてしまった。90年代に入ると頑迷な江沢民《チャオツーミン》時代になり、1992年から反日運動がはじまる。日本を政治的に敵視する雰囲気がうまれた。だが、中国の庶民レベルでは、日本の工業製品の質の高さや洗練された日本文化に対する尊敬が続いた。ここで特筆すべきは、日本の俳優であれば山口百恵と高倉健がものすごく有名である事実である。中国全土で「赤いシリーズ」のテレビ連続ドラマが観られていた。それからアニメの『一休さん』が中国の子どもたちにはたいへんな人気だったという。

すべては鄧小平の「南巡講話」から始まった

高澤氏の案内で深圳を探訪した。普通、日本人が深圳に行く時は、香港島、九龍半島を北上して電車で羅湖《らこ》という駅に着く。次のP155の図をよく見てください。羅湖《らこ》から向こう側に川一つ渡ると深圳だ。このルートはだれでも知っている。

ところが、この度、私は重大な発見をした。それは「西部通道《せいぶつうどう》」という、東京のレインボーブリッジや瀬戸大橋とそっくりの大きな橋を通っていく道である。これは大発見であった。この西部通道の極めつけの重要性については後述する。

私は深圳《シェンジェン》には10年前に行って観察している。その当時のイメージは、今も残っていて深圳商城《しょうじょう》という、雑貨商がわっとひしめいているデパートメントが今もあった。出入国地点

西部通道という大橋がきわめて重要であることがわかった

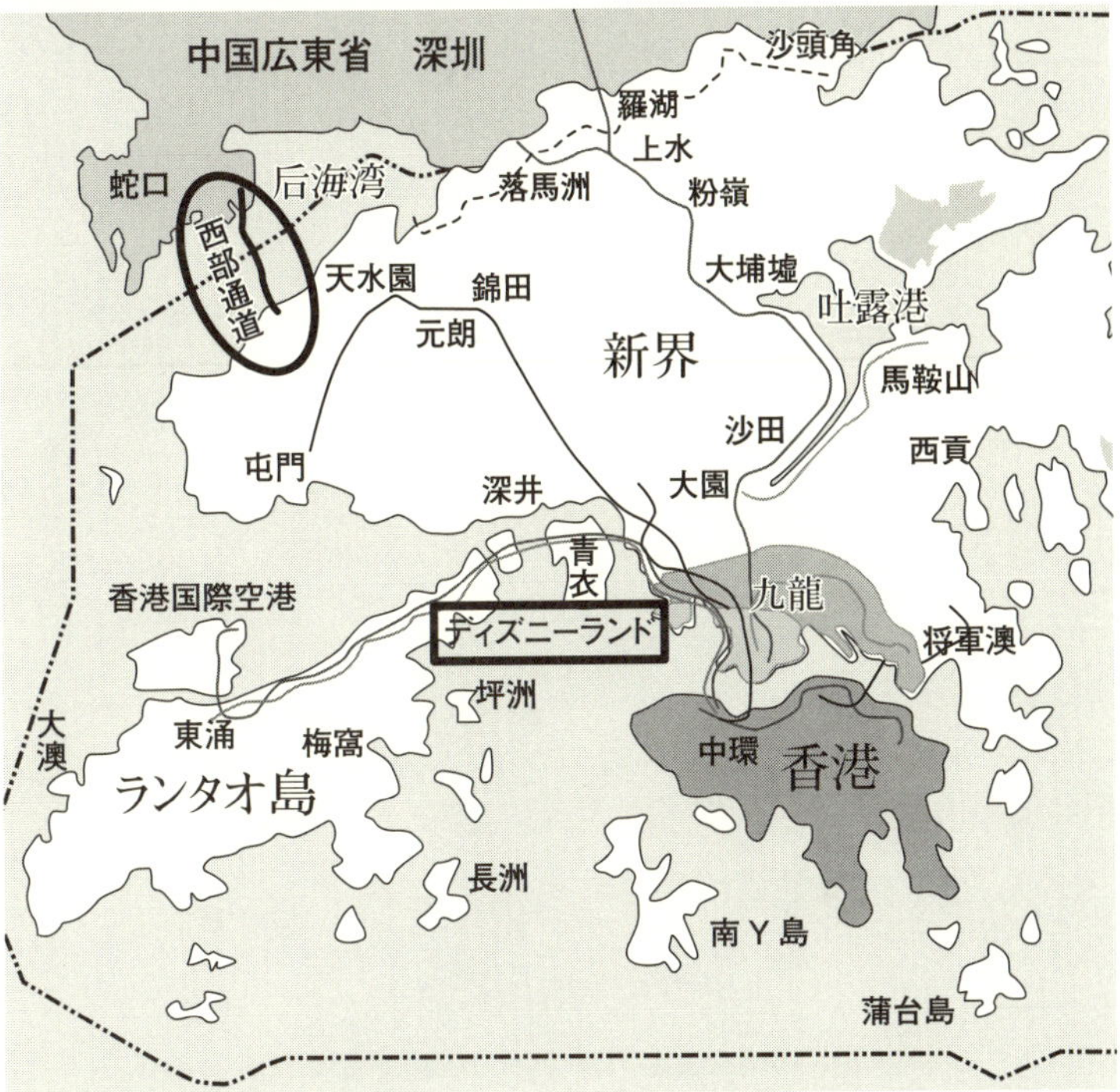

香港と深圳をつなぐ2つ目の通交口《ぐち》である深港《しんこう》西部通道《せいぶつうどう》という大きな橋（長さ6㎞）が中国本土《メインランド》との物流と人の移動を大きく自由にしている。お金《かね》の移動も自由である。これからはランタオ島のほうに住居地としての大開発が進むことがわかった。

の周辺は変わっていない。ところが、そこから少し離れるともうたいへんな変わり様である。30階建てくらいの高層ビルが果てしなくどこまでも立ち並んでいた。それらは、商業ビルと住宅用のタワー・レジデンス（大厦《ダーシェ》）の両方から成っている。深圳経済特区すべてで、２０００棟くらいがこの10年間で建設されたであろう。まだまだ建ち続けている。

深圳全体で10キロおきくらいに商業地区があるようだ。だから、1年に１００万人ずつの人口がこの経済特区に流入しているというのはウソではない。22年前（１９９２年）に鄧小平が「南巡」して再びやってきて、「改革のスピードをさらに上げよ」と有名な大号令をかけた。これを鄧小平の「南巡講話《なんじゅんこうわ》」という。この南巡講話というのは、１４０５年に明《みん》帝国の3代皇帝・永楽《えいらく》帝（鄭和《ていわ》の艦隊をインド、アフリカにまで派遣した）が、同じような南巡をしたことにちなんで名付けられた。歴史的に有名な故事に連なるコトバである。この時から中国の巨大な経済成長が加速した。そのころは、深圳はまだ香港に面しているだけの地方の貧しい村だった。

今年２０１４年の12月、深圳に世界第2位の超高層ビルが完成する。中国の保険会社大手、中国平安《へいあん》保険《ほけん》が高さ６４２メートル（１１５階）のビルを建てている。香港のリッツカールトン・ホテルが入っている最新の一番高いビルでも４９０メートルである。

日本人の深圳についての理解と情報は、この地域に工場進出している日本の企業がたくさんあるので、徐々に変化していることはわかっていた。ところが実情はさらにものすごくて、どれぐらい激しい変化かは自分で行ってみなければわからない。私はびっくりした。10年前や5年前と違って、さらにものすごい弾みがついていた。

一言で言うなら、深圳が香港を取り巻いて飲み込んでしまいそうである。深圳側に高層アパートが大きな壁のようにどこまでも建ち並んでいるといった感じである。このことは北京や上海に行ったことのある人ならわかる。

現地に駐在する日本人や商社マンたちでも、羅湖《らこ》から深圳に出入りするイメージしか知らないのではないか。私が驚愕したのは、深圳駅から車でずっと西のほうに1時間も行かないのだが、蛇口《じゃこう》という大きなフェリーの港があってこの蛇口地区に着いた。ここに深港西部通道という大きな橋がかかっていた。7年前に開通した（2007年7月）そうである。蛇口の南山区《なんざんく》という地区である。このあたりの発展ぶりがおそらく深圳の中でもすごい。他の商業センターと競合し合っている。

西部通道からヒトとカネが香港へ流れ出す

私の最大の驚きは、ただ単にここで大きな橋を見つけたことではなくて、ここが香港への出入国管理の通交口《ぐち》になっていて、ここから中国人のごく普通の庶民の若い女性たちが、ピンクや黄色や青の旅行バッグを転がして、ものすごい数でここから出入りしている事実を目撃したことである。

彼女たちが向かう先は、香港ディズニーランド（香港のランタオ島の東部。P155の地図）である。日帰りしていると思われる。彼女たちはきっと深圳をふくむ広東省一縁の工場で働いている女工さんたちだろう。明るく元気いっぱいの感じであった。ということは、彼女たちのバッグの中に、何億円＝何百万元でも入れて持ち出すことができるということだ。香港側に、このように、ほぼ自由に資金の移動ができるという実情に私は驚いた。ということは、中国政府（税関当局）によるお金の移動の規制は、実際上できないということである。かつやる気もない、ということだ。このことが私には最大の驚きであった。

島国ニッポンで生きている私たちには、理解できないくらいにものすごいことである。私たちは空港の国際線の手荷物検査で細かく調べられるからだ。ところが、香港との国境線での出入国では、エックス線の荷物検査などあまり意味がないことがよくわかる。エックス線の検査があることはあるが、こんなに激しく大量に人間と車が毎日渡ってゆくのだから検査など無いに等しい。やはり香港は中国全土の金持ちたちにとっての資金の外国への脱出口なのである。それは、この西部通道を使ってどれだけでも無制限に行われている。

これが西部通道の大橋の景観だ

深圳側からは「深圳湾口岸」という出入国のゲートから車で渡ってゆく。

これまでの私の、金融問題の専門家としての先入観も間違いであった。中国の腐敗した官僚や企業経営者たちが、香港を通して世界中に資金を逃すのは、命がけのことであると信じ込まされていた。そんなことはまったく無いことが、ここで如実に見てとれた。香港は中国の一部なのであるから、北京政府は、ますます香港に対して平等取扱い、同等扱いになっている。「香港パスポート」を握り占めて外国人のように振るまってきた香港人たちももうあまり威張る気がなくなっているようだ。

こうやって中国から香港経由で世界中に持ちだされた資金は、世界中に投資されている。その金額は中国国内に持ち込まれ投資され増殖した全資金量の2割くらいだと言われる。それらが国外に脱出していると言われている。香港で人民元からいろいろな外貨に交換されて世界各国に送金される。

この資金流出を理由にして中国共産党による政治体制は崩壊する、と相も変わらず「中国崩壊論」を唱えている者たちが今もいる。それが知恵の足りない考えであることがよくわかる。中国人はそんなせせこましいしみったれた考えなどしていない。だから今回、私が目撃した西部通道を使った資金の持ち出しルートは目を見張るものであった。

私は深圳からの帰りは高澤氏と別れて、現にタクシーでこの西部通道を渡って、そしてわずか30分で香港の中心街にまで帰り着いた。タクシー代は300元（5000円）くら

香港は西のランタオ島のほうに さらに発展を続けている

香港島の西側に大きなランタオ島がある。この島全体を大開発しており、写真のような真新しい40階建てぐらいの高層アパートがどんどん建っている。この写真はランタオ島の北にある香港エアポートとの中間にある青衣《チンイー》島の駅からの景色である。

いのものであった。

どうしてこういう重要な事実が日本で広まらないのか。この重要事実を、中国訳《わけ》知り人間たちが書いて何故、日本国内に伝えないのだろう。きっと日本政府（国税庁、財務省）が、お金の世界的な自由な移動を嫌うので、日本国民を脅迫して脅し上げるためにヘンな情報をわざと流しているのだろう。

10年前に、私は香港国際空港《エアポート》から直接、この蛇口《じゃこう》にフェリーで入った。東莞《とんがん》という市へ行った。東莞市は、広州と深圳の中間にある大きな市だ。中国の家具の8割くらいはこの市でつくられている。かつ風俗業で全土に有名らしい。その北の広州市が中国の広東省全体の省都である。広州ホンダとか広州トヨタなどの大きな自動車会社もたくさんある。広州市を中心にした広東省は、北京から見ると独立王国のようで、今も独立心が強い。

私は10年前に香港から東莞、深圳にやってきて、あちこち見て回って、それでどうしても中国研究を始めなければいけないと決心した。中国はこれから巨大な成長を遂げると、この時わかったからだ。だから、その翌年の２００６年に、私の中国研究本の第1冊である『中国　赤い資本主義は平和な帝国を目指す』を書いた。そして今、中国研究本の6冊目をこうして書いている。一年に一冊の割で書き続けている。

10年前に私はこの深圳の蛇口・南山区までカーフェリーで連れてきてもらった。まだ荒深港《しんこう》れはてた、汚れた港町だった。それから4年後に、東に5キロぐらいのところにこの深港西部通道の大橋がかかったことになる。繰り返すが、この西部通道は非常に重要な橋だ。東京湾のレインボーブリッジとよく似た感じの大きな橋で、長さは大体6キロぐらいある。Mainland《メインランド》 Chinese《チャイニーズ》（本土中国人）と香港人は今も本土人を呼んでいる。広東省やその向こうの湖南省や四川省や、海側の福建省あたりの人たちも、ほとんどがこの香港に遊びに来るようになっている。このことはこの10年間のものすごく大きな傾向で、普通の貧しい中国人たちが香港まで遊びや買い物に来るようになった。

西部通道は后海湾《ごうかい》（深圳湾）を横断しているのだが、香港島の西側にランタオ島という大きな島がある。このランタオ島の東端の大きな埋立て地に香港ディズニーランドがある。かつては香港のディズニーランドは面白味がなくて人気がない、と馬鹿にされていた。中国人たちは東京ディズニーランドまでわざわざ来るのよ、と日本人は威張っていた。

それも5年前の話だ。今はこのランタオ島のディズニーランドに、中国本土の女の子たちが、ものすごい数でどんどん入っている。繰り返すが、彼女らの旅行バッグの中にお金を隠せば、幾らでも持ち出せるということだ。私のこれまでの知識では、中国本土から香港へ人民幣《レンミンビ》で持ち出すのは大変なことだと勝手に考え込んでいた。そんなことはなかった。

ここでの検問は、ごく普通の入国・出国審査であり、バッグまであけて見るという感じはなかった。これほどの大量の人が毎日、行ったり来たりしているということは、とてもそんなことに時間をかけていられないのだ。

私が聞いたところでは両方の地域を走れるタクシーがいる。深圳側、すなわち中華人民共和国側のタクシーの登録番号を持っていて、かつ香港側の登録番号も持っているハイヤーやタクシーがある。現にあった。いちいち車のトランクを開けろということさえない。この西部通道の存在は中国にとって非常に重要な役割を果たしていることがわかった。

華僑は中国では外国人

ここで華僑《かきょう》と言われる人々について説明しておく。華僑は今は華人《かじん》（ホワレン）と言う。同じ中国人ではあるのだけれども、華人たちは外国国籍であることが基本だ。漢民族（ハン・レイス）の中国人ではあるのだが、外国籍の人々のことを指す。したがって、日本の横浜や神戸の中華街にいる中国人や台湾人も、アメリカ国籍の中国人たちも華人《ホアレン》である。

しかし、華人と普通の中国人が結婚していると、どっちになるのかという問題がある。その子どもたちも生まれる。このことからわかるとおり、どこまでを華人といい、そうでないかを言うのは難しい。基本的には華人《ホアレン》（華僑）は外国人扱いだ。このことを私たち日本人は知らないし、わかっていない。

中国は大きな国であり、普通の国（省）が30個くらい集まってできている広大な連邦国家（コンフェデレイション）であるから、外国人であろうが、何語をしゃべっていようが、お互いにあまり気にしない。北京や上海の中国共産党の知識人層や官僚エリートたちからは、華人はやや嫌われている。簡単に言うと、お金のことしか考えない、商業民族みたいに扱われている。だから外国人扱いなのである。これが台湾や香港の人々への本土中国からする地位《レイティング》である。

もっと複雑なのは香港や台湾には今も華僑がいて、いったい何人なのか私にもわからない。香港の王様みたいに今も言われ尊敬されている李嘉誠《りかせい》という大実業家がいる。古くマレーシアに広東省から移住していった華僑系で、香港を中心に経済活動してきた人である。李嘉誠は大型デパートやホテルを中国全土の主要都市に開いている。長江《ちょうこう》実業やハチソンワンポアとも呼ばれている。日本人は「揚子江」とすぐ書くけれども、中国人は「長江《ちょうこう》」としか言わない。

李嘉誠の次男坊（李沢楷《りたくかい》　リチャード・リー）が、香港の携帯電話や通信事業（ＰＣＣＷ《ピーシーシーダブリュ》）の経営者である。李嘉誠は今も大きな力を持っている。だが、中国共産党の北京政府からは少しにらまれていて、距離を置いているはずだ。彼は上海閥（幇《パン》）とも必ずしも一致しているわけではない。上海では新世界グループのホテルやデパートは目立たない。北京には大きいのがある。

かつ広東省系と福建省《ふっけんしょう》系の華僑（華人）たちの間にも対立があるようだ。お互いにコトバが通じない時代が何千年も続いたのだから当然だ。福建省の人たちがどうも李嘉誠たち香港や台湾系の華僑たちのことをあまりよく言わない。華僑のふるさとはあくまで福建人であって、福建省の厦門や福州などから外国に流れ出していった。だから、福建省系と広東省系、および台湾・香港系の華僑たちの間には歴史的な派閥争いがあるのだろう。これ以上詳しいことはわからない。誰か徹底的に調べて私たちに教えてくれる日本人がいてほしい。それが日本人が中国人をより深く理解するということだ。

香港はいずれ深圳、珠海に飲みこまれる

今回も香港島のセントラル（中環《ちゅうかん》）にあるマンダリン・オリエンタル・ホテルのランドマークや、パシフィックプレイス（Pacific Place）を観察しに行った。このセントラル（中環）がイギリスの植民地としての香港開発の出発地であり、総督府《ガヴァメント》が置かれたところだ。今も香港政庁と金融業（銀行証券）の中心地である。どうもランドマークやパシフィック

プレイスは少しすたれているように見えた。ここは李嘉誠の経営母体であるはずだ。

今回行ってみていちばん新しい地区は、九龍《カオルーン》側のエレメンツ（ELEMENTS）というショッピングエリアであった。エレメンツの真上にリッツカールトン・ホテルが入っている。118階建てのビルである。このエレメンツやリッツカールトンの資本が、中国のどの勢力（企業集団）と外国資本が組んで経営しているのかはわからなかった。

エレメンツの地下にはセントラル始発の電車（エアポート・エクスプレス）の駅があった。この電車が直接、香港国際空港までわずか20分ぐらいで行くようになっていた。その途中で止まるのは青衣《チンイー》という島で、ここものすごい勢いで開発されていた。40階建てぐらいのりっぱな高層アパートがそれこそ何百棟も建ち並んでいた。これは、昔ながらの香港のぼろい鉛筆ビルという感じではなく、かなり高品質の高層住宅だ。荷物も駅で預かって、空港でのチェックイン代わりになるからものすごく便利である。日本人は「お・も・て・な・し」などと威張っているが、どんどん追い抜かれている。

香港は香港島から始まったのだから、今でも金融街や高級ホテルは香港島のほうにある。だが、向こう側の九龍地区のほうにも相当多くの高級ホテルがある。ペニンシュラホテルをはじめ、シェラトンやらリッツカールトンもできたわけだ。九龍地区も香港島と同じぐらい栄えている。

その北側に大きく広がっているのが、ニューテリトリー（新界）と言われている地域だ。ここは恐らくアヘン戦争の後の南京条約で香港をふくめ5港が開港された（１８４２年）後に、新たにイギリスに割譲された土地だ。なぜなら、この北の山の中に水の資源（ダム湖）を確保しなくてはいけなかったからだ。

ニューテリトリー（新界）には香港の普通の人々が、新しい電車の線路ができるたびにその駅の周辺に、それこそ鉛筆ビルを、そんなにきれいじゃない30階建てぐらいのまさしく鉛筆ビルを針山《はりやま》のようににょきにょきにょきにょきと林立させた。それらを私は10年前、20年前にも見ている。このニューテリトリーのほうに大学街や、駅ごとに住宅地をつくっている。それは今も変わらない。

ところが事態はさらに進んで、香港全体が深圳《シェンジェン》地区と珠海《ジュハイ》地区によって取り囲まれて、やがて飲み込まれそうになりつつある。私の洞察では、深圳や珠海《じゅかい》側の高層ビル住宅に住んでいる人々は、中国全土のほかの省から移り住んで来た人々で、金儲けに成功して資産家になった人々だ。彼らが老後を暮らすために移り住んで来ているのだとわかった。なぜなら広東省は暖かい南の省だからである。このあとP２１２でも述べるが、それに比べて旧満州のハルビンや長春は北の省である。冬には零下30度になる極寒の地の人々が、避寒地のリゾート地として広東省に移動してきている。だから広東省の繁栄は続く。このことは、自然の法則《ナチュラル・ラー》であると思う。

もはやさらに香港やシンガポールまで脱出して移住していく必要はない。広東省の海沿いの地帯全体がリゾート地化して、住宅需要も満足させつつある。そこへ向かって内陸部の金持ちたちが移り住んでくることは、理の当然である。

だから、深圳が毎年１００万人ずつの人口の増加を示しているのである。北京や上海などの大都会に集中していく必要もない。

経済特区こそが発展を押し進める

これらの深圳や珠海のショッピングエリアに、香港に来ている外国ブランドの、それこそイタリアやフランスの超一流ブランド店が、そのままオープンするようになれば、わざわざ香港にまで出かける必要もなくなる。

エルメスやフェラガモ、シャネル、グッチなど超一流ブランド店を、経済特区の役人たちが一切文句をいわずに、なんなら「税金を（所得税以外は）１元もかけませんからウチの地区に進出して来てほしい」とまで気が効いて垢抜《あか》けるなら、そういう事態も十分に想定できる。今の中国ならそこまでやりかねないと私は思う。中国人は徹底的に大胆な考え方をして、経済の自由化を推し進めている。それこそは、まさしく「経済特区」というものの核心点であり、中心思想である。

実は、ヨーロッパやアメリカには経済特区という思想はない。今もない。理解できない、と言ったほうがいい。まさか、と思うがそうであった。だから、この経済特区や開発特区というコトバは驚くべきことだが、英語やヨーロッパ語に置き換えられない。なんと訳していいかわからない。そんなことがあるのか、と日本の経済エリート層でも思うだろう。しかし、この経済特区は私のこれまでの知識と経験から考えて、元々を欧米から導入したり盗んできた考えではない。

欧米にあって世界に広まったのは「タックス・ヘイブン」tax haven、すなわち租税回避地、税金からの逃亡地帯という考え方である。あるいは16世紀から始まった大航海時代「ザ・グレイト・ナビゲイション」the Great Navigationによって始まった香港やシンガポールのような「フリーポート（出入り自由な港）」という考え方であろう。

タックス・ヘイブン（世界中に丁度30国ある）も、フリーポートもずいぶんと使い古されて、これ以上の成長は見込めない。最近はいやなコトバになってしまっている。それに較べて、経済特区という新しい試みは、欧米発祥ではないことは驚くべきことである。なぜ欧米でこれが流行《はや》らないかというと、先進国の官僚たちは、税金収入（課税）の全国一律での、例外なしの法律執行を、頑迷に頭のてっぺんから信じ込んで行うからだ。だから、欧米白人文明の衰退がこの場面でも観察される。日本の財務官僚もこれに倣《なら》っている。「特区」を認めると麻薬と売春と銃と犯罪がはびこる、と考えている。

日本人は自分たちのことを欧米白人文明の一部であると思い込んでしまっているから、先進国であるという傲慢さが身にしみついて、身動きがとれなくなっている。だから、今の日本でも経済特区がうまく行かない。「カジノ特区」あるいは「カジノ解禁特区」くらいしか他に思いつかない。政治家と官僚たちだけがひそひそと話しこんでいる。まったく哀れな国になったものだ。カジノについては後のほうでマカオのところで話す。

香港とは巨大な資金の逃がし口である

それではここから「香港とは何か論」を書く。

かつては香港は外国からの資金の流入口《ぐち》であった。香港を、外国からの窓口として、外国資本（資金）が香港を経由して上海や北京へも入っていた。それから中国全土に資本が投下されて行った。外国企業は香港を足がかりにして中国進出を行った。20年ぐらい前まではそうだった。

ところが私の考えは10年前に変わった。どうやら香港は、外国の資金（資本）が流れこんでくる窓口なのではなく、その逆で、中国国内の資金が、外国に流れだしていくためにこそ必要な窓口である。そのための特別な地区（まさしく租界地《コンセッシオ》）である。今や中国国内で生まれ増殖した巨額の資金が、外国に向けて出発するために存在するのが香港である。そのように私は10年前に考えを変えた。

事実そのようにして、香港を通って巨大なお金が世界中に逃げ出している。今でも香港だけが中国から外国に開かれた自由な窓口である。だから絶対に閉じることはできない。このことは不思議なことのようにも考えられる。上海や青島《チンタオ》や大連や厦門《アモイ》や天津（タンクー港）などは貿易港として栄えている。巨大な物流拠点に成長した。しかし金融業や文化の流入口であるとはあまり聞かない。

だから香港は今も極めて重要なのである。香港で、中国共産党の最高幹部たちもここを拠点にしておそらく資金の出し入れをしている。だからここではお互いに手を出さないという暗黙の了解事項（不文律）があるだろう。

日本の中国嫌い人間たちは、すぐに「中国人は自分の国を捨てて、何かあった時のために中国から資金を逃がしている」とさかんに書く。この考えは単純で単細胞である。前述した通り、外国に持ちだされた資金は、世界中で中国からの投資として活用されている。

例えば南ヨーロッパのスペインのコスタ・デル・ソル（太陽海岸）の海沿いのリゾート地のヴィラ（短期間の賃貸用別荘として）を、中国人たちが買って、投資用物件にしている。50万ユーロ（6500万円）ぐらいの物件である。ヨーロッパ中から、特に冬が寒い北欧や東欧諸国から地中海沿いの南欧にやってくる。特にスペインは土地バブルが大破裂して値下がりしているので、ヴィラ投資は中国人の抜け目ない商才の現れである。

このことは、たとえばアメリカ合衆国であれば、冬が寒いニューヨークや北部の州の金持ちが南のフロリダ州のパームビーチやマイアミに老後に移住するのと同じことだ。あるいは冬の寒い東部から、温暖なカリフォルニア州に、職を求めて移住していったのと同じことである。それが今中国で起きている広東省や海南島《ハイナン》（今は海南省。中国のハワイと呼ばれる）にどんどん富裕層が移動しているのと同じことである。これくらいの大きなものの見方ができなければ、知識人などやっておれない。私から見れば、日本国内の学者や言論人たちは、せせこましい島国の田舎者たちにしかもう見えない。

世界中の諸都市に、華僑たちが流出して200年前からチャイナタウンをつくってきたわけだから、その華僑のネットワークの力と合わさって、外国に逃げ出した資金がそれぞれの国で上手に投資に回されていると考えなければいけない。

だから次の世界覇権国《ヘジェモニック・ステイト》は、この観点からも中国になるのである。世界中に広がっている中国人の情報と知識と文化と資金力のネットワークを軽く見て、いつまでも中国クサシや毛嫌いなどやっているようでは自分自身の先がない。

日本へも流入するチャイナマネー

今、日本国内への中国からの投資は減っているように見える。それは２０１１年3月の大地震と大津波、そして放射能への恐怖心の問題があるからだ。このことは誰も触れたがらないが、やはり事実であろう。日本への中国人の金持ちからの投資は引っ込んでいる。さらに加えて、反中国感情を煽るテレビ新聞、政府などの反中国キャンペーンがある。

ところが、東京の中心部の赤坂や六本木あたりは、チャイナマネーが動いていて、値下がりした商業ビルなどを買うかたちで中国資本が戻ってきていると囁《ささや》かれている。ぼろぼろに値下がりした日本の中心部分の商業ビル（20年前の10分の1の値段だ）を中国人が買わなければ、もうほかに買う人はいない。中国敵視言論はやめるべきだ。

同じことは九州地区でも言える。九州は今や福岡、熊本、宮崎、長崎などが、すでに「東アジア（商業）文化圏」に入ってしまっている。韓国、台湾、香港、そして中国本土からの投資がなければ、九州の経済は成り立たないところまできている。九州の大型ホテルの泊まり客の大半は中国からの団体観光客である。

長崎のハウステンボスにしても、H《エイチ》.I《アイ》.S《エス》.の会長の澤田秀雄氏が中国と強くつながっていて、ここでカジノを開く一歩寸前まできている。公海上の船の上ではカジノをやっていて、日本の領海に入ったらカジノをやめるということを2年前からやっている。ハウステンボスには、長崎港や長崎空港経由で中国人観光客が大挙してきている。

カジノの街・マカオ

ここからマカオの話をしよう。ここも珠江《しゅこう》デルタ地帯にふくまれる。珠江デルタ地帯の珠江口《しゅこうこう》の香港の反対側がマカオである。マカオはポルトガル領だった。今はポルトガル政府の力はほとんどないように見える。ポルトガル政府としてはカジノの収益の一部をもらえれば、それでいいという感じだ。

マカオはまさしく賭博場（カジノ）で有名なところだ。マカオまで渡るには、香港島と九龍側の「スターフェリー」の埠頭から1時間弱で高速ジェットフォイル（ターボジェット船）が出ている。昼間はなんと15分おきに出ている。夜間は1時間おきくらいらしい。24時間運行しているという。これでマカオまで人間を運ぶ。観光客もいるのだが、大半はカジノを目的にした人たちである。

私は博奕《ばくち》（カジノ）に興味がないし、生来ギャンブルは嫌いな人間だ。しかし世の中には日本人も含めてものすごい数の博奕好きが存在する。これは人が持って生まれた性癖だから変えられない。それぞれが自分の人生を楽しめばいいのである。賭博場まで行ってみたら、ごく普通の中国人の夫婦みたいな人たちがたくさんきている。2人で並んで仲よくルーレットやバカラやブラックジャックをやっている。若い夫婦もいる。

博奕人間の共通の性質だが、彼らはたいしていい格好はしていない。パーカーみたいな上着を着た人がほとんどだ。これは私がアメリカのラスベガスで目撃した光景と同じだ。彼らは身なりなど気にしない。お金儲けだけに本気になる人たちだ。大半は有り金をすべてすってしまって、ターボジェットでまたくたびれ果てた感じで香港まで帰っていく。

私を連れていってくれた友人も10万円ぐらいしか賭けないで、あんまり損もしないで切り上げた。アメリカのラスベガスもそうだが、1回の賭け金が、安い場合は200から300香港ドルだ。ということは今1香港ドル＝13円だから、3000円から4000円ぐらいの賭け金である。これで5万円から10万円分のチップを買って、使い切ったらおしまいという感じだ。賭け金のリミットがあって、「100万香港ドル」とはっきり書いてあった。すなわち一人1300万円までしか賭けられないという一応の規制がある。しか

マカオの"カジノ王"、スタンレー・ホーの「リスボア」ビル

スタンレー・ホー（何鴻栄《ホーホンサン》）が、マカオのGDPの3分の1を稼いだと言われる。1962年からカジノ・ビジネスを始めた。2002年に中国政府が「市場開放」を決定したのでラスベガスからサンズやウインズが来た。ホーは負けなかった。

し、そんなことは賭場の中の、例えばバカラやブラックジャックやルーレットのそれぞれの台での上限であるから、その場所を離れればあとはまた自由だ。

カジノの建物は最上階が高級ホテルになっていて、上階には高い賭け金のフロアがある。そこでは1回当たりの賭け金が3000香港ドルである。ということは、1回当たり4万円ぐらいを賭ける。そうすると100万円くらいはすぐにすってしまう。さらに上のほうの特別室へ行くと、恐らく1億円クラスの賭け金でやってる人たちが存在する。この1億円クラスの客たちは、最初からリムジンで送り迎えがあって、上のほうに付いてる高級ホテルの宿泊代はただだそうだ。ここで例えば大王製紙の井川意高《いがわもとたか》氏のような生来の放蕩《ほうとう》息子たちが博奕をやる。

有名なカジノ場は「リスボア」である。スタンレー・ホー（何鴻燊《ホーホンサン》、1921年生）という顔役の人物（存命）が所有している大きな建物が2つならんでいて、オールド・リスボアとニュー・リスボアである。ポルトガルの首都のリスボンから取ったのであろう。

このほかで有名なのは、ラスベガスから2002年にやってきたウィンズ Wynns というグループだ。もう一つもラスベガスからきたサンズ・グループである。四角い大きな建物が海辺にあって、フェリーからよく見えた。サンズ Sons（Sheldon Adelson シェルドン・アデルソン 1933年生）とウィンズ（Steve Wynn スティーヴ・ウイン

1942年生が経営者）は2大勢力というかたちでマカオに進出してきた。スタンレー・ホーが彼らに負けるかなと思ったが、負けることなく、3者それぞれ繁栄しているらしい。

ほかには銀河集団（ギャラクシー・エンター）が有名である。銀河集団は、香港B株に上場しているので、日本人でも買おうと思えば買える。中国政府の資本が入っているようだ。この株価の動きは巻末の表に載せた。ほかのグループも20ぐらいあるが、よくわからない。

世界の大きな富の力は東アジアへ向かう

マカオの北は珠海《ジュハイ》市と接している。珠海市も正確には経済特区である。深圳と同じようにものすごい勢いで発展していた。マカオから見える海の向こう側に延々と高層ビルが建ち並んでいた。ここがまさしく珠江デルタ地帯であり、この大繁栄は今後恐るべきものがある。日本などとてもではないが、もう太刀打ちできない。

このように考えると、シンガポールおよびマレーシア（その南端のジョホール州）よりも、潜在的には香港および珠江デルタ地帯のほうが、これからもっと成長を遂げるだろう。なぜならば、北隣に中国という巨大な市場と16億人の人口を抱えているからである。ちょっとくらいの戦争の危機がせまっても、もうこの地域が衰退するようには思えない。

いくらアメリカの強大な軍事力で中国に戦争を仕掛けるといっても、どう考えてもむりな話である。シンガポールのジュロン地区の隣に、アメリカ海軍の第七艦隊の空母が隠れて停泊しているようである。そのアメリカの軍事力で、マラッカ海峡くらいは封鎖して、中国へ向かう中東からのオイル・タンカーくらいは止めることができるだろう。

ところが「ＡＳＥＡＮプラス４《フォー》（中国、日本、韓国そしてインド）」の東アジア共同体づくり（チェンマイ・イニシアチブ。第2章Ｐ73で説明した）の動きのほうが、じわじわと効いている。逆にアメリカの軍事力を抑えこんで、封じ込めてしまうのではないか。フィリピン、ベトナムとも領海（海の領土）を巡って中国は対立している。おそらく小規模の軍事衝突（ミリタリック・コンフラゲイション）はこれら南《みなみ》シナ海でも起きるだろう。だがすぐに何回でも停戦《シーズ・ファイア》する。日本人の多くは今でもアメリカの軍事力の大きさが、一番強い力として、世界を統御していると思い込んでいる。だが、経済力と軍事力がぶつかった時に、果してどちらが勝つかといえば、私は経済力のほうだと思う。

世界中の大きな富の力が東アジアに向かって今も流れてきている。そのように見るべきなのである。たとえば金《きん》の地金《じがね》（インゴット）にしても現物《げんぶつ》の取引市場では、毎月１０００トン単位でアジアに移動してきている。世界中で16万トンの金《きん》の地金がある（地上在庫という）といわれている。本当はその3倍の50万トンくらいある。中国政府は公表ではたったの3000トンしか金地金を持っていないことになっているが、すでに1万トンを持っているだろう。

それに対してアメリカ政府は8600トン持っていることになっているが、実際はもうすっからかんで、ほとんど無いようである。ドイツ政府が、敗戦後に取り上げられてアメリカに預けたかたちになっている1300トンの金地金を「返してくれ、返してくれ」といくら言っても、アメリカはまったく返事さえしない。これらの金地金《きん》はすでにアジア圏に流れ込んでいる。これにはインドの国民が宝飾品（主に腕輪）としてもっともっと、買いたくて仕方がない金の需要もふくまれる。

輸出激減で打撃を受けた広東省も復活する

深圳地区をふくめた広東省全体で、6年前（2008年）の〝リーマン・ショック〟から以降、ヨーロッパと北アメリカ向けの輸出が激減したというのは事実であろう。広東省の輸出向け中小企業の多くが倒産したようである。しかし、今の中国人はそれくらいのことでは負けない。事業に失敗した人間がもう一度、新規の事業を立て直して巻き返すことが多い。日本のようにジリ貧経済（今や衰退国家だ）で、一回でも失敗すると後がないという国とは違うのである。

今の広東省の党委《とうい》書記は胡春華《こしゅんか》（50歳）である。前の広東省トップであった汪洋《ワンヤン》（共青《きょうせい》団《だん》系の先輩）は、副首相になっている。首相になった李克強と競争させられた汪洋は、失脚した薄煕来《はくきらい》と公開討論のかたちで激突させられた。この汪洋が広東省の党委書記だった時に、１００万社単位で欧米への輸出向けの中小企業が潰れたというのは事実だ。

ヨーロッパやアメリカ自身が没落してだめな国になりつつあるという現実を無視して、中国は経済危機というくだらない説を唱えている者たちの頭そのものが問題なのだ。

広東省はハイテク先端電子部品をつくる地帯として復活しつつある。世界中のスマートフォン（その代表が鴻海《クオンハイ》精密工業の郭台銘《グオタイミン》だ。アップル社のｉｐａｄのほとんどをつくっている）の生産工場は広東省である。工場が四川省にも移りつつある。それから前述したものすごい不動産投資（高層ビル群の建設ラッシュ）である。

私が10年前に行った香港島の一番南のスタンレーベイ（赤柱湾《せきちゅうわん》）やレパルスベイ（浅水《せんすい》湾《わん》）には、当時、香港の大金持ちたちが住んでいた。ところが今回行ってみたら、スタンレーベイは、南に島や海が見えるだけのただの観光地になってしまっていた。本当の香港の大金持ちたちはもういなかった。彼らは今は香港島の山の上のビクトリアピークという展望台がある、映画『慕情《ぼじょう》』で有名な場所だが、そこに行ってみたら、本土からの貧乏な中国人たちがたくさん来ていた。そこから見渡した香港島の山の尾根線（稜線）の一番高いところに、ずらずらと光輝く宮殿のような建物をつくっていて、今はそこに本当の大金持ちたちは住んでいた。そこから真下に100万ドルの香港の夜景を見ながら暮らしている。それが今の香港だ。

私が10年前に行った時は、500万米ドル（5億円）から1000万米ドル（10億円）の邸宅をスタンレーベイの中腹にずっと建ち並べていた。

そこにはドイツ語やフランス語で授業を教える私立学校があり、その周りに豪邸が並んでいた。おそらく中国本土の共産党の幹部たちや、急激に富豪になった人たちが隠れるように住んでいたところだった。今回行ったら、30階建てぐらいの高層アパート群に建て替わっていた。

香港は金融都市として発展を続ける

鄧小平とマーガレット・サッチャー英首相が、香港返還を合意したのは、1987年である。その10年後の1997年7月1日に、香港返還があって、それから50年間は「一国二制度を守る」という条約になっている。

香港は自治都市として、半分独立国家みたいなかたちで、政治的な自由とデモクラシーの議会制度を残している。だから2047年まではイギリスとの約束があるので、香港の自治を勝手に押しつぶすことはできない。だからあと33年ある。

私が聞いたところでは、香港の警察の幹部たちは今もイギリス人だそうだ。表面上は香港はイギリス人の影も形もなくなってしまっている。だが、香港政庁の中にはまだ多くのイギリス人が残っている。彼ら植民地イギリス人の職と収入を保証しているということだろう。このことは、中国にとってもものすごく有利なことであろう。アメリカと拮抗してゆく上で、中国はイギリスからの情報を香港で取ることができる。かつて大英帝国（ブリティッシュ・コモンウェルス）であったイギリス人は、アメリカの弱点をよく知っている。前述した通り香港は、中国の上層階級《シチズン》の人々にとって、なくてはならない〝金《きん》のガチョウ〟である。北京の共産党政府もこの金のガチョウを絞め殺すような愚かなことはしない。

中国人民解放軍の姿はほとんど見えない。だが、中国軍は九龍地区に大きなビルを一つでんと構えて持っている。中国軍がきちんと存在しているのである。もし香港で激しい反政府運動が起きた時は、香港の警察は、民主勢力（デモクラシー）側について、中国軍と戦いになるだろう。しかし今では、生粋の香港人の幹部たちも、かなり考えが変わって来ているそうだ。北京の政府との話が相当についている。

今の香港政庁のトップである香港特別行政区の行政長官は梁振英《りょうしんえい》であるが、北京の言うことをかなり聞く人物であるようだ。だから、このままあと33年経って、香港は完全に中国の一部になっていくのだろう。このことは台湾の運命にとっても同様に言えることだ。

この私でも、最近までシンガポールのほうが香港よりも、自由主義世界だから自由度が高いと思っていた。しかしどうも、そうではない。シンガポールに対する金融面での引き締めが、アメリカ政府からの強い圧力としてどんどん起きている。リー・クワンユー国家相談役（上級相）の息子であるリー・シェンロン首相は、アメリカからの圧力を受けて、どんどん金融統制《マネー・コントロール》をするようになった。日本から資金を逃してシンガポールに置いている人たちも何かと窮屈になっている。

それでもシンガポールは今もヨーロッパからの金持ちたちの避難先である。シンガポールには、ヨーロッパから多くの金持ちたちが資産避難先として来ている。この5年くらいの間にさらに30万人くらいが永住権《レジデント・ライト》をもらって逃げてきている。このことも事実である。インド人やアラブ人たちもたくさん逃げて来ている。

だが、それでもこれからは香港のほうが自由度が高いし、日本の〝金持ち難民〟（私が造語した）たちが持ち出して来た資金にとっても、より安全であることがわかってきた。

なぜならば、香港政庁に日本国の金融庁や国税庁が、特定の個人のお金の動きを教えろと言って圧力をかけても、そんなにうまくはいかない。なぜなら、香港政庁としては、「北京《ペキン》のほうに言ってくれ。香港は独立国ではない」と言って、簡単には答えようとしないからだ。「北京政府と話をしてくれ」というかたちで逃げる。

ということは、香港は大きく中国に守られている。だから金融のフリーポートとして、またタックス・ヘイヴンとしての役割をこれからも続けることができる。この点が、直接の後ろ盾を持たないシンガポールよりも有利な点である。だからシンガポールには、隠れた大きなプラン（戦略）があって、マレーシアとインドネシアの両方を引き込んで、巨大な「マラヤ連邦」をつくる計画を持っているらしい。

HSBCの重要性

香港上海銀行（HSBC《エイチエスビーシー》）の存在が重要である。香港上海銀行は、この数年で日本からもタイや韓国からも、たたき出された。自分から出て行った。アメリカの金融庁（SEC《エスイーシー》、証券取引委員会）と国税庁（IRS《アイアールエス》、米内国歳入庁《ないこくさいにゅうちょう》）からの弾圧がすごくて「顧客の情報をすべて渡せ」と言われたので、各国の支店をどんどん閉鎖した。そして香港に集中させている。イギリスのロンドンにあった本店機能も遂に香港に移してしまった。アメリカ政府の金融統制がきつくて、テロ資金やマネー・ロンダリングの疑いがある、というような嫌がらせの理由で、どんどん追い詰められている。

それでもHSBCはしぶとく生き残る。香港上海銀行は、国家の壁を突き抜ける動きをする。サスーン財閥のアヘン戦争のころの力強さが今もある。いくら国家間の合意とかで、民間銀行に法律の規制をかけても、お金というものの自然な力で生き延びていく。香港上海銀行は、世界中の金持ちたちの信頼を今も裏切っていない。口が堅い。やすやすと各国の国税庁（税務当局）の言うことを聞くことはしない。このこともよくわかった。

大きくは中国政府との暗黙の合意があるのであろう。

私が現地で聞いた話だが、香港の金融庁（ファイナンシャル・サービス・エージェンシー）には日本の国税庁から4、5人の職員が研修生の名目で来ているそうだ。彼らはレップ事務所（Representative Office）も持っているらしい。2国間で結ばれている租税条約《タックストリーティ》の中の、情報交換協定（インフォメイション・エクスチェインジ・アグリーメント）に基づいて、日本の国税庁から4、5人来ている。

外国では、絶対に税務調査の活動をできない。国家主権《ソブリーンティ》の侵害になる。ただしレジスター（登録）されている不動産で、日本の企業名や個人名が買っていたり、あるいは法人を設立した場合に日本人の名前があるかなどを、それとなくそれとなく調べているのだろう。

しかし、このことは大事なことなのだが、国家にはそれぞれ主権（sovereignty《ソブリーンティ》）というものがある。それぞれの国家が持つ強い縄張りの権限である。だから、外国の警察や税務署員が少しでも、かすかにでも自分の国の中で動くということを、お互いものすごく嫌う。簡単に言えば殺し合いになる。これは国家間の政府レベルでの争いになる。それが国家主権というものの恐ろしさである。この重要な知識を日本の知識人層や金持ち層がわかっていない。

だから、東京で、「あなたは香港の口座に50万米ドル（5000万円）ありますよね」ということを東京の税務署員が納税者に聞くのはかまわない。それは日本の主権下で認められていることだ。しかし、香港にいる日本人の金持ちに、税務署員が東京から電話をかけてきて、「今あなたは香港上海銀行に5000万円、預金をしていますね」と問い詰めることはできない。これは中国（香港）の主権の侵害になる。この逆のことも言える。こういう主権の侵害という考え方を盾にとって、これからの日本人は賢く行動しなければいけない。賢い人間だけが、こういうことがわかる。愚か者は、いいように役人たちに騙《だま》される。

第5章

旧満洲の現実

旧満洲地帯の開発はどこまで進んでいるのか?

私は、2013年7月に旧満洲であるハルビン、長春に調査旅行を行った。「旧満洲」という言葉が今の日本人にはわかりやすいから、この本では使う。しかし、満洲というコトバは、今の中国政府は嫌うので使わせないようにしている。「満洲(帝)国」という傀儡《かいらい》国家を日本軍(関東軍《カントン》)が中心になって、80年前(1931年)につくった。日本人が観光で行くいくと、主に長春に「偽満帝国《ぎまん》」という名前であちこちに日本支配時代につくられた歴史的な建築物が遺《のこ》っている。てっぺんが日本のお城やカブトの形をした建造物で、今も吉林省《きつりん》の党委員会の建物などとして使われている。

旧満州は現在は東北《トンペイ》3省と呼ばれる。北の黒龍江省(ペイロンチージャン)の中心がハルビンである。P191の地図で示す通り、そこから南に220キロ下ったところが長春で、ここが吉林省《チーリン》の省都だ。日本占領時代には「新京《しんきょう》」と呼ばれた。ここを満洲国の首都とした。長春からさらに南に300㎞ぐらい行ったところが瀋陽《しんよう》で、日本がかつて「奉《ほう》天《てん》」と呼んだ。瀋陽は遼寧省《りょうねい》の省都だ。

この3つの省で東北三省だ。人口は黒龍江省が3800万人、吉林省が2400万人、

中国の東北三省（旧満洲地域）

旧満洲は上記の東北《トンペイ》三省とその西側の広大な内モンゴルである。かつての南満洲鉄道（ロシアが1903年に通した）は日本が経営した。今は高速鉄道が走っている。北京までハルビンから8時間でゆく。

「ベイダーフォン、ベイダーツォン（北大荒、北大倉）」

2013年7月、撮影。ハルビンから北東へ800キロメートルのあたり。どこまでも水田地帯が広がる。やがてこの地帯で日本のコシヒカリ級の超高級米が獲れるようになるだろう。

そして南の遼寧省《りょうねい》が一番多くて4000万人だ。合わせて1億人である。この東北3省のほかに西側に広がる広大な山脈地帯がある。大興安嶺《だいこうあんれい》（ターシンアンリン）山脈という。そこは内モンゴルであり更に西に広がる大きな内モンゴル自治区の一部である。「旧満洲」という言葉には、だからこの内モンゴル地域までがふくまれている。内モンゴルは蒙古族（モンゴル族）を中心にした広大な地帯だ。私は3年前（2011年）に行ったフフホト（呼和浩特）が、内モンゴル自治区全体の〝首都〟である。フフホトはアルタン・ハーンというオイラート族（モンゴル族）の大ハーンが、清朝《しんちょう》（大清《だいしん》帝国。270年続いた）と駆け引きをやりながらつくった重要な都市である。万里の長城の北側である。フフホトなどと言うと、日本人には地の涯ての極寒の町としか思わない。私もそう思っていた。行ってみたら北京からわずかに真西に600キロ行っただけで、気候もたいして変わらなかった。

大清帝国《だいしんていこく》は、この北のモンゴル族の大国（遊牧民の共同体）との戦いにエネルギーを費やした。だから南のほうの広東省から、じわじわとヨーロッパ白人（南蛮人《なんばんじん》）が、西洋文明（キリスト教をふくむ）と共に入り込んできたことを軽く見て、対策を怠った。だからアヘン戦争（1839～41年）をきっかけにして、中国全土が欧米列強《ヨーロピアン・パウアズ》の餌食となって植民地にされていった。それから170年が経つ。

中国文明（＝東アジア文明）は、この時から地獄の底を這いまわるようになった。今の中国人は、この170年間の悲惨でみじめな自分たちの蒙昧《もうまい》と愚かさを深く反省して、今や世界に巨大な反撃を開始している。私はこの人類史の大きな流れをいつも見つめている。

日本の幕末動乱・明治維新も、この170年前の中国を横に見つめながら起きた動きなのである。中国が悲惨な奴隷状態に置かれていくのを、優れた日本知識人たち（横井小楠《しょうなん》、吉田松陰、佐久間象山《しょうざん》、福沢諭吉ら）は見つめながら（海外情報はどんどん入って来たようだ）、日本が西洋白人文明の餌食にされないように、その優れた部分を国内に急いで必死で導入、学習して、日本は辛くも生きのびた。日本にとって中国は常に大きなお手本であった。清朝までは偉大な先進国だった。

地図をよく見ていただいたらわかるが、旧満洲の内モンゴル地域は、大興安嶺山脈《ターシンアンリン》であり、ここには今もモンゴル族が遊牧生活を行っている。モンゴル族（蒙古族）と、満洲族（狩猟民とされる）の長い歴史の中での対立もあるようだが、外見上の人種的には私たち外国人にはまったく区別がつかない。

私は満洲学・モンゴル学（大きくは東洋学の一部）の日本の権威である岡田英弘《おかだひでひろ》教授（83歳で存命）に、厚かましくも、「岡田先生。満洲族というのは、大興安嶺山脈を越えて東側にやってきたモンゴル人でしょう。満洲文字とモンゴル文字（語）は〝縦型アルファベット〟で、ふにゃふにゃしていてそっくりです。だから、満洲人は大きくはモンゴル人の一種なんですよ」と、自説を主張して問いかけたら、岡田先生にすっかり嫌われてしまった。それで先生との対談本が出なくなった。

チンギス・ハーンが築いたモンゴル帝国は、1241年に、何とヨーロッパの今のポーランドにまで攻め込んでいる（「ワールシュタットの戦い」）。だから、モンゴル帝国が人類史上唯一の世界帝国《ワールドエムパイア》であった。私はこの岡田学説（『世界史の誕生』、筑摩書房1992年刊）を高く評価し支持している。これぐらいの大きなものの見方ができないようでは、言論人、思想家などと自称できない。

東北三省は巨大な穀倉地帯となっていた

ハルビンから東のほうへ約1000キロ、私は延々と旅した。ここで教わった重要なコトバは「ベイダーフォン、ベイダーツォン」である。これを漢字で書くと、「北大荒《こう》、北大倉《そう》」すなわち「北方の荒れ地を北方の倉庫（米蔵）にする」という意味である。この「ツォン（倉庫）」というコトバが大きな標語になって、この50年で豊かな満洲の大穀倉地帯がつくられたということだ。事実、延々とどこまでも果てしなく続く米作地帯であった。

私は目を見張った。

この「ベイダーフォン、ベイダーツォン」という言葉の通り、行ってみるとどこまでも続く豊かな農業地帯に変わっていた。1950年代につくられた人民公社（合作公社）運動の時にできたであろう部落が、点々と遠望できた。100戸から200戸、すなわち200人から300人くらいの集落を一つの最小の行政単位にしている。マッチ箱のような石造りの粗末な家（小屋）が政府によってつくって与えられ、石炭を燃料にして暮らしている。

そこの農民たちとも話をした。ハルビンを中心にして周囲数百キロどこまでも平地が続いて、そこは今はすべて農地として開墾され尽くされていた。私は前もって助言を受けて、「満洲に真夏に行くとハエや蚊がすごいので、早めに行ったほうがいいよ」と言われた。ところが行ってみたら、ハエや蚊はまったくいなかった。すべて殺虫剤で10年くらい前に駆除されていた。まさかここまできれいな穀倉地帯が広がっているとは思わなかった。

私の想像では、満洲の平原というと、〝馬賊〟と呼ばれる連中が往き来する、貧しくごろごろと石ころだらけの岩石砂漠と草原が交ざったようなところかと思っていた。馬賊などいるわけがなかった。あれは日本人の頭の中だけでの創作（つくり話）だ。私が「馬族」と間違って書いたら、「そんな部族はいない」とたしなめられた。日本人の旧満洲への偏見はものすごいものがある。6年前に私が瀋陽《しんよう》に真冬（12月）に行った時には、この遼寧省は、農業地帯ではなくて鞍山《アンシャン》の鉄鉱所や撫順《フーシュン》の炭田で知られるところだから、ごろごろとした石ころだらけの景色が電車の窓の外に広がっていた。

それに比べるとそれよりも北の黒龍江省と吉林省は豊かな河の水に恵まれているのだろう、広大な農業地帯であった。確かに「北の大倉庫」である。ロシア人がこのハルビン（哈爾濱）を満洲全体のど真ん中だと決めて都市づくりを始めたはずである。ロシア政府はハルビンを中心に、斜めに大きく横切りに切り裂くように西の国境の街の満洲里《マンジュリ》から日本海に近いスイフンカ（綏芬河）（ウラジオストックの北100キロ）までほとんど真っ直ぐに鉄道をつくった。これが東清《とうしん》鉄道である（1903年完成）。これが元々のシベリア鉄道である。

このハルビンに向かって、日本軍は南のほうから、同じく元はロシアがつくった南満洲鉄道を日露講和条約（ポーツマス条約　1905年）で奪い取りながら、攻め上がってきた。そして、ハルビン（ソビエト・ロシア）と長春（日本軍の本部。満州国の首都）で双方の睨み合い状態になった。ロシアにしてみれば日本軍がまさかこんな北の寒いところまで軍事進出してくるとは思わなかったのだろう。日本軍の軍事スパイがハルビンの街までうろうろと動きまわったようである。

冬は零下30度、どうかすると零下40度までなる、しかもそれが何カ月も続く。こんな寒い世界でよくも人間が動き回れるものだと、私は今でも不思議に思う。

そこよりはもっと南のはずの瀋陽（かつての奉天）も内陸部であるから、冬はやっぱり零下30度になる。私はここに12月に行って零下15度の街中を動いてまわったら、3時間もするとさすがに体が冷えきった。耳だけは覆い（フード）をつけないと凍傷でやられてしまう。そのあと、ぐるりと南下して大連《だいれん》にまで行ったら、零下5度くらいの大連の都市の、海岸沿いの海風が暖かくて心地よかった。人間は環境に適応する生き物である。

大連は詩人の清岡卓行が「アカシヤの大連」と呼んだ都市である。いくら冬は河が凍りついてスケートができる、と言っても、日本人にとっては海沿いの都市である大連ならば、冬を過ごすのにもそれほどの苦労はない。北海道の人たちと同じくらいの寒さの中の生活だろう。大連には日本の企業がたくさん進出している。大連は今や世界に向かっての巨大な積み出し港である。そのことは前著『それでも中国は巨大な成長を続ける』（2013年刊）で書いた。

遼寧省の省都である瀋陽《しんよう》のほうは、内陸部にあって満洲族（女真族《じょしん》）の民族の故郷（中心地）である。それに対してハルビンあたりはその前の金《きん》の帝国をつくった部族の都だ。大清帝国を築いたヌルハチとホンタイジがこの辺りで大きな勢力を築いた。

この瀋陽から南西へ500キロも行くと北京である。だから、満洲族と漢民族はその中間に万里の長城をつくって睨み合いを続けた。

日本人は**万里の長城の意味**がわかっていない。私は体で実感で分かった。万里の長城とは何か。それは長城の南側は雨が降るということだ。だから農作物ができるので農業地帯なのである。だから万里の長城の南には定住民（農耕民族。アグラリアン）である漢民族《ハンレイス》が暮らしているのである。それに対して万里の長城という防御線を築いたその外側はあまり雨が降《ふ》らない。乾燥した大地を羊や馬を連れて移動する遊牧民（ノウマド）が生きる世界である。この区別は、ものすごく重要である。

この区別が、たとえば中東世界《ミドル・イースト》では、北方の山岳民族であるイラン人（ペルシア人）が遊牧民《ノウマド》であるのに対し、チグリス＝ユーフラテス河がつくるメソポタミアの大平原の中心のバグダッド（かつてのバビロン）に暮らすイラク人が、定住民であるのとの違いである。これと同じ構造がヨーロッパにもある、雨が降るので豊かな小麦地帯であるのをフランス国という。それに対して雨が少ないので豚や牛を飼ってじゃがいもを食べて生きるしかなかった北のほうをドイツというのである。同じフランク族（ゲルマン族）であった者たちが農耕民と遊牧民に別れたのである。こういう大きな自然地理的な理解がまずなければいけない。これがドイツ・フンボルト学派の思想である。

私たち日本人でも、「北から攻めてきた北方遊牧民は漢民族に同化して漢字文明を受け入れた」と習って知っている。本当は、日本にまでもモンゴル族（遊牧民）が移り住んで来ている。どうやら彼らが大和朝廷（ヤマト政権）をつくったのである。これは江上波夫《えがみなみお》氏による「騎馬民族征服《せいふく》王朝説」（1948年）である。この学説は日本では日本史学者たちにたいへん嫌われて葬り去られた。しかしもうすぐ復活するだろう。今の大阪の南にある仁徳天皇陵や応神天皇陵を発掘調査すれば、馬具である馬の鞍《くら》や鐙《あぶみ》や金の冠《かんむり》などの遊牧民族の特徴がたくさん出てくるだろう。

最近、韓国人（韓《かん》民族）が「自分たちの祖先はモンゴルからやってきた遊牧民《ノウマド》である」と言い出している。新羅、高句麗、渤海《ぼっかい》、高麗などにその性質が強い。

コシヒカリ級の超高級米が生産され始めている

旧満州一帯で農業の改善がかなり進んでいるようだった。今は北のロシアとの国境線まですっと米作地帯（水田）が続いている。水が少ないところはトウモロコシや大豆の耕作地（畑）になっているだろう。水の多いところでは良質な稲作が行われている。

哈爾濱《ハルビン》から400キロ東の佳木斯《ジャムス》のはずれの村人たちの様子

村人と話したら、「私たちは200年ぐらい前に山東省からやって来た」と言った。「こんなにキレイな米作地帯にいつからなったのだ」と聞いたら、「昔からだ」と言われた。若い人たちはいなかったが春節（旧正月）には帰って来る。

村の周囲には水田地帯が広がっている。村の中を走る道路をもっとキレイに自分たちで力を合わせて舗装すればいいのに、と思った。余計なお世話だろう。

米（稲）の品種改良が近年ものすごく進んでいるようだ。恐らく日本の農業試験場の技術が入ったのだろう。北海道でキララという米が戦後、つくられるようになった。この寒冷地用の米の改良品種が、旧満洲一帯でつくられている。

それどころか、今では日本のコシヒカリ級の超高級米が栽培され、収穫されるようになっている。ここには日本のクボタの水処理技術が導入されている。クボタは東レと並んで、優れた世界最先端の水処理の最先端技術（半透膜《はんとうまく》の技術）を持っている。海水から真水をつくるプラントも世界中で動かしている。旧満洲ではクボタの活躍がめざましい。私がこういうことを書くと中国敵視人間たち（含む、安倍政権）からクボタが狙われるので、遠慮して書くが、私は現地にまで見に行って目撃しているので、ある程度は書くしかない。

ハルビンは松花江《しょうかこう》という大きな河沿いである。松花江の水で一帯の1000キロ四方の水田・稲作が行われている。しかしコシヒカリ級の超高級米をつくるには、ただのきれいな川の水ではおさまらない。直径5メートルもあるような大きなクボタの水処理装置をザブンと大きな水槽に設置しなければいけない。地下水を汲み上げた水槽に最先端の水処理装置を設置して、本当にきれいな水をつくって、それと改良された黒土とでようやく新潟県魚沼《うおぬま》産コシヒカリ級の超高級米ができるのである。

中国の農業生産はそこまで本気である。日本人は中国人の技術ドロボウ力（技術移転の

ハルビン市を流れる松花江

ハルビン市の周囲は冬はたくさんのスキー・リゾート地が盛えている。雪祭りに何百人も集まる。松花江は凍るのでスケートリンクができる。夏の2カ月間は暑い。冬は寒すぎるので日本人にはちょっと暮らせないだろう。

力）を甘く見て舐《な》めている。現地の人が、「この高品質米は、今はまだ北京の共産党の幹部たちに食べてもらっている段階だ」と言っていた。これらの超高級米は、中国で100万トン単位でこれからつくられるようになる。そうなったら日本の米づくりなど、追いぬかれてしまう。

高級な和牛《わぎゅう》の育成についても同じことが行われているようだ。アメリカ政府は、日本の高級和牛の技術をドロボウするために、新型ウィルス事件まで引き起こして、貴重な高級和牛の精子の冷凍保存にまで打撃を与えた。そしてそれらを盗みだして、「1キロ4000円の松阪牛」をアメリカでつくろうとした。だが、できはしない。今の落ちぶれていくアメリカ帝国には本当の真剣さがない。いくらドロボウしてもできないのである。それに比べたら、隆盛する中国帝国の技術ドロボウ力（移転力）には目を瞠《みは》る。

本来、稲（米）は南のほうの南方の亜熱帯の作物だ。だから、雲南省や揚子江流域がたくさん採れるはずなのだ。ところが南の揚子江流域でとれる米はおいしくない、と今の中国人からさんざん言われている。

タイ米やベトナム米のような長粒米《ちょうりゅうまい》では味わいがない。中粒米の日本の米（ジャポニカ種）ほどのおいしさは、きっと南のほうではつくれないのだ。前の本でも私は書いた。おいしい果樹（果物《くだもの》）をつくる秘訣は寒暖差にある。夏の短期間の高温と冬の低温の激しい温度差（寒暖差60度）が、農作物を鍛えて必死で生き延びさせるのでおいしい作物を実らせる。だから、これからは東北3省の穀倉地帯が本当に中国全体の「北の大倉庫」なのである。

このことは中国の国家戦略としての食糧の自給および備蓄の政策として極めて重要である。20年前に、「中国は小麦や大豆をアメリカやカナダから大量に輸入しているので、アメリカとは戦争できない。食糧の自給ができないからだ」と鼻で笑われていた。ところが現実は、このように大きく変化している。

かつての旧満洲ではコーリャンやヒエ、アワ、ソバなどの雑穀類が荒れ果てた大地で栽培されていたであろう。今はそれらの作物を見かけなくなった。トウモロコシ、小豆、大豆などが水田地帯ではないところではつくられている。

東北三省の不動産事情

次に旧満洲の住宅、不動産事情を報告する。

ハルビンや長春では、住宅価格（高層アパートの値段）は、**1平方メートルあたり1万元**である。新築の大厦《ターシャ》（タワー・レジデンス）の価格である。もっと正確に言うと、長春

ハルビンの住宅販売フロアで

北京や上海の住宅街でなら、1平方メートルが6万元（100万円）だから高層アパートは100平方メートル（30坪）で1億円である。一戸建てはその3倍はするから3億円である。旧満州のハルビンではその6分の1ぐらいである。

が少し安くて1平方メートルあたり８０００元。ハルビン市のはずれで1平方メートルあたり1万元だった。だから床面積１００平米（30坪）の新築マンションは、ハルビンで１００万元、すなわち１７００万円で買える。北京や上海の4分の1である。

一戸建ての邸宅のようなものも販売されていて、３００万元（1元17円で５０００万円）くらいである。写真の通りそれなりに立派な高級住宅であって、今も売り出し中である。だが、よく見ていると、ハルビンの中心地からは車で30分以上離れたところにある。高層アパートも一戸建てもそれほど売れているようには見えない。

やはり２０１１年に中国の不動産バブルははじけて、下火になったまま低迷している。やはり中国の〝狂乱地価〟は終わっている。激しい不動産バブルが起きたのは、２００７年、２００８年（8月8日に北京オリンピック開会式）、２００９年、２０１０年までであり、２０１１年に最後の暴騰があった。それから急激に地価（住宅価格）は下落した。簡単にいえば中国全土でピーク時の半値にまで下がっている。

ということは、高値づかみをした人たちは値下がりした物件を握りしめたままじっと我慢して次の上昇を待っている。

以上が、最新の中国の住宅価格（不動産の値段）の動きである。

中国の住宅価格
(主要の70都市平均)

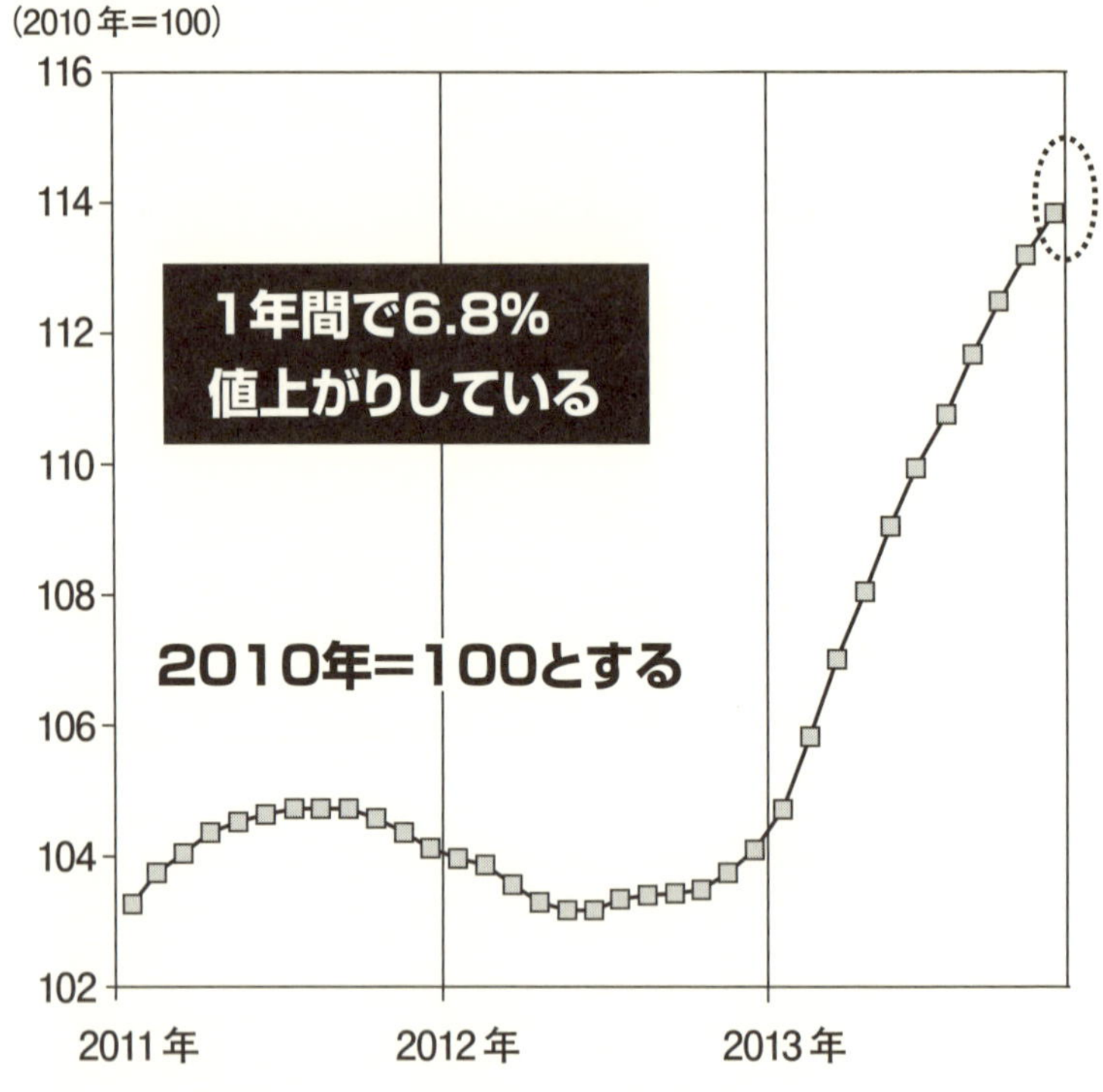

出所：CEIC（中国国家統計局）のデータを元にニッセイ基礎研究所が作成したもの

2013年12月18日（水）、中国国家統計局は11月の70都市の住宅販売価格の変動状況を発表した。新築住宅（除く保障性住宅）の価格は前年より上昇、2010年を基準（=100）とした指数は70都市平均で最高値を更新した。伸びは6.8%増となった。

中国人の中産階級の人々は、自分の友人たちと食事をしながら、よく喋って情報を持ち寄る。中国人は本当に外食をよくする。1週間の半分は、外で食べているのではないか。友達と順番にその日は誰が払うかを決めて奢《おご》りっこをする。豊かな層は立派なレストランに行き、貧しい層は安っぽい食堂でわいわいやっている。この感じは千年（宋の帝国のころから）もやっている中国人の文化そのものである。ただし、最近はあの例の白酒（パイチュー）という強い酒を「カンペー、カンペー」と言いながら皆で何回も一気に飲み干す、丸テーブルでの宴会が減っているようである。急激にビールの文化に変わっている。

北京の指導部が「腐敗撲滅運動」で睨《にら》みを効かせているからということもある。ゆすりやたかりやゴネ得のようなものが、どんどん表面からは消えつつある。

中国人は昼も夜もなんだかよくわからないが、友人たちと集まってわいわいご飯を食べることが生き甲斐である人たちだ。そこで大切な情報を交換しあったり、助言を受けたりする。「中国人は友達を大事にする（義兄弟の思想のなごりか？）。友達を信用する。なぜなら政府の発表や勤め先の会社が言うことはウソが多いから」という。中国社会を本当に世論形成しているのは、友人たちとの〝口コミ〟のネットワークである。

ハルビンや長春は、北の寒冷地の大きな都市である。だから、北京や上海ほど発展していない。冬に零下30度にもなるからやはり開発が遅れている。住宅価格も中心部でも北京、

中国の主要70都市の住宅価格の前年比(2013年)

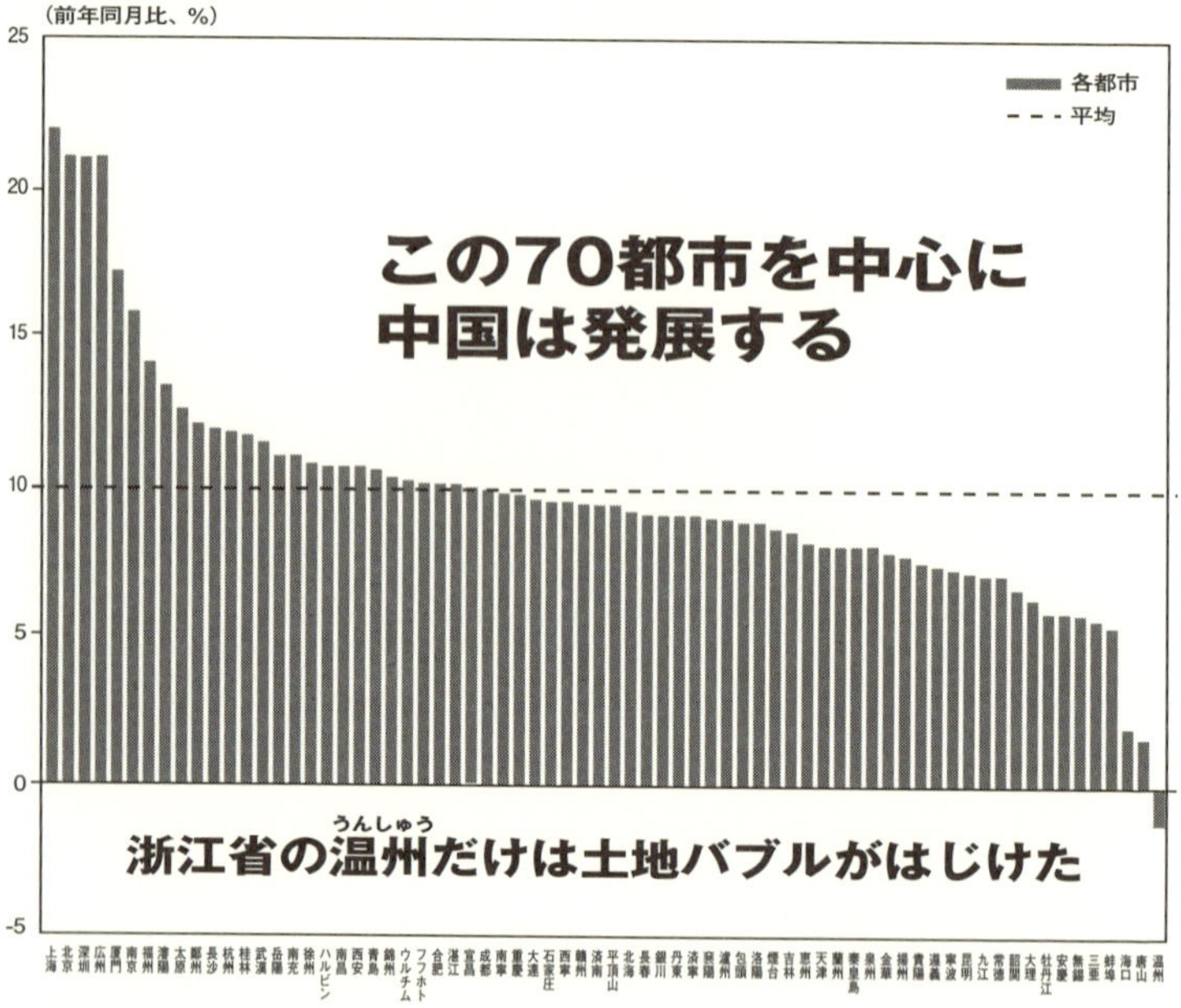

出所：CEIC（中国国家統計局）のデータを元にニッセイ基礎研究所が作成

2013年の春、（中国政府が）不動産規制強化策を実施して以降、住宅価格の上昇ピッチは鈍化しつつある。10月下旬以降、北京などの主要都市で2軒目の住宅購入に対する頭金の比率が引き上げられた保障性住宅（低所得者向けの政府供給住宅）の供給の増加が影響した。

住宅価格上昇の背景には旺盛な需要に供給が追いつかず「売り手市場」になっているために価格抑制は容易でない。11月に開催された3中全会では「不動産税の立法を加速する」としており、今後は、上海市と重慶市で試行中の不動産税（固定資産税）の適用範囲を拡大するだろう。

上海の４分の１くらいである。北京、上海は１平米あたり４万元（68万円）する。１００平米の高層アパートなら６８００万円である。それが２０００万円弱で買えるということだ。

売り出し物件はハルビンの中心地からクルマで30分以上離れている。いかにも都市計画に従った新興住宅地であり、あまり人影がない。この先、地下鉄や鉄道の駅が近くに建設されるなら話は別だ。あるいはおそらくすでにそういう計画があって、通勤新線が建設されるのを見越して早めに投機で高層ビルがつくられ、かつ５年前の住宅バブルの最中にはよく売れたのだろう。だが、今も値下がりはしていない。このことも事実である。

この10年、中国をウォッチしてきて思うのだが、中国人には「右肩下がりの経済」というコトバの意味がわからないだろう。まだまだイケイケドンドンで、物価も賃金も住宅価格もなんでもかんでも値上がりしていくものだと頭の天辺《てっぺん》から信じこんでいるようだ。インフレこそは高度成長経済の重要な要素（必要条件）である。

日本人は、１９９０年（もう24年も前だ）に、株が暴落を始め、不動産バブルがピークをうち、「アレ、おかしいなあ」と思っているうちにすべてが逆回転を始めた。激しいデフレ・スパイラルのキリモミ状態での墜落で、景気が悪化し大不況へと突入した。そして今もこのデフレ経済（＝大不況）から抜け出せない。消費者物価もどんどん下がって年金暮らしの老人には暮らしやすいだろうが、賃金（給与）も切り下げられ、年金の支給額も毎年下がる。税金だけは上がって、ますます貧乏くさい国になっている。それに比べたら中国はまだ成長を続けている国である。

ハルビン、長春は北京や上海に比べたら収入も高くないし、バブル・エコノミーはなかったようだ。だから急激に金持ちになった人々が不動産を買い漁るという動きはみられない。東北三省は中国のほかの地域にくらべて、一番遅れて成長経済を迎えようとしている。簡単に言えば、どんよりと暗い都市である。貧しいとまでは言わないが、どうも取り残された感じだ。だから、P168で述べた通り、ハルビンの金持ち層が、南の広東省の深圳《しんせん》や珠海《ジュハイ》の高層アパートを買って移り住んで、老後は温かいところで暮らそうという動きをしている。

旧満洲に来て見てわかったが、日本（軍）はここで爪跡（残虐行為）を残していない。（偽《にせ》）満洲国を建国したが、たいした戦闘はノモンハン事件（1939年。ロシアとの軍事衝突）以外にはない。ただし、後述する七三一部隊の重大な問題が起きている。日本人はこのことに今も顔をそむける。

農業税の廃止という大改革

私がハルビンや長春で体験してわかったことは、夏の間にはかなりの雨が降るという事実だった。気温も決して低くはない。夏だけはどんな寒冷地でも暑いのである。モスクワでも8月だけは暑い。だから、旧満洲での米づくりは、5月の初めに田植えをして、9月にはさっさと収穫する。5カ月で収穫する。夏の30度を越す高温があるので、冬はマイナス30度という超低温になるが、上手にこの寒冷期を避けて農産物を育てる。前述したが、この寒暖差のすごさが中国の農産物を優れたおいしい味にする。だから、中国ではこの「北の大倉庫」戦略で食糧不足の問題は大きくは解決したと言える。

中国全土で食べる分の米や麦の必要量の大きな部分を、この「北の大倉庫」がこれから賄っていくだろう。

旧満洲の貧しい農民たちは当然子どもが1人ずついて、皆、都会に出稼ぎというか、工場やレストランに働きにいっている。私が目撃した限りでも農村に残っているのは中年から上の老人たちばかりだった。だが、子どもたちが旧正月（春節。1月末から2月初め）には帰ってくる。子どもたちが生まれ故郷の田舎を捨てたわけではない。彼らは都市住民になって流出していくのではない。現在、中国政府の大きな決断で、農民は子どもたちまでふくめて農地を、一人1ヘクタール（100平方メートル四方）ずつもらえるようになった。自分の子どもの土地の分まで、老人の親たちが米づくりをやっている。

特筆すべきことだが、2003年に胡錦濤政権が始まって3年経った時（この年にワルの江沢民が権力を失った）、胡錦濤が大きな決断して、それまであった「農業税」という農民に対する税金を廃止した。だから今、農民は税金がゼロになって生活が楽になってている。このことを農民たちから直接聞いて証言を得た。決して今も豊かではないし、暮らしぶりから見て貧しいままであるが、7月の農閑期ということもあって、ぶらぶら集まってのんびりしていた。P201の写真の通りである。

農業税は、2000年前の漢《かん》帝国の時代からのものと言われている。これが廃止になったということは、農民に対する国家の過酷な収奪の歴史が終わったということだ。こういう大事なことを外国の中国研究者たちがきちんと調査して報告しないから、ウソだらけの中国崩壊論が堂々とまかり通るのである。今は農民が生きることで苦しんでいるという感じが外見からは見られない。農民8億人を大事にするという考えが中国政府の根幹にある。

20年前から騒がれていたが、貧しい農民たちが農民工《のうみんこう》、あるいは民工《みんこう》というコトバで呼ばれ、都市の労働者や建設作業員になって大量に流れだしていた。しかしこの動きもかなり止まっている。

前述した通り、農村の若者たちは刺激を求めて当然都会に出たがる。そして、低賃金とはいえ月給2000元（3万4000円）のお金をもらい、それらを蓄えて春節（旧正月）には田舎に戻ってくる。都市部の労働者たちも現在はそれぞれに専門技術者化している。たとえば上海郊外にある大きなフォルクスワーゲンの熟練工（スキルド・ワーカー）たちは、月給8000元（13万6000円）をもらっている。農村出身者たちも次第に技術者化していると思われる。かつての日本で見られた東北の農民たちが、冬の農閑期の出稼ぎで京浜工業地帯に働きにきていたのと同じような感じだろう。

その後、地方都市の発展というのが、内陸部の貧しい省でも起き始めた。だから、そこの労働力の需要に応えたので、農民たちが大都市まで流出するということが止まっている。民工や農民工というコトバは今も中国で使われているが、ほとんど意味を失っている。

それよりもこの5年くらいで頻繁に聞くようになったのは、大都市の上層住民（これが「北京市民《シチズン》」「上海市民《シチズン》」である）たちが、恨めしそうに言う。「地方出身者ばかりが大きな顔をしてどんどん金持ちになっている。もともとの私たち市民はあまりいい暮らしができなくなっている」という恨みごとである。私は、彼ら北京市民、上海市民（代々の大都市住民）たちは前述した通り、この20年間で住宅の5つや10を手に入れた抜け目のない人々でワルの都会人たちである。だから決して彼らのコトバに簡単には同調しない。私はこの特権的市民《シチズン》たちの偏った不平不満を聞くたびに相手の顔をじっと見つめて皮肉な笑い顔をつくって共感したふりだけする。

田舎者（地方出身者、農民）が都会に流れ込み、潜り込んできて、人の何倍も苦労して這い上がっていくのは、人間の正しい行動であると私は思っている。そのようにして能力のある者が、生まれながらの田舎者というハンディキャップを乗り越えていい暮らしをしていくのは、良いことだと思う。確かに中には、地方出身者でズル賢こかったり、半ば詐欺師のような人間たちがいて、都会人は生活に余裕があるものだから、のんびりしていて騙されて、嫌な思いをしていることもあるのだろう。

たとえば新しく買った住宅の内装業者にひどい者たちがいるようだ。粗雑で粗悪な仕事をして、たくさんのトラブルが起きている。中国では「スケルトン渡し」（新築の家は台所、浴槽、家具、電気製品などはいっさい取り付けないで買主に売る）が基本である。100万元（1700万円）の新築の部屋を買った場合、30万元（500万円）くらいの内装代がかかる。

旧満洲は北の荒野ではない

私は今回ハルビンから東のほうへ松花江《しょうかこう》沿いに、高速道路を飛ばして１０００キロくらい行った。そしてアムール河やウスリー河の近くまで行った。途中にジャムスで一泊し、三江《さんこう》平原の中心である富錦《フージン》という都市まで行った。

そこで前述したクボタの先端技術を使ってコシヒカリ並みの超高級米をつくっているという情報を聞きつけた。クボタは耕うん機（農機具）で有名であり、昔からこの農村地帯にも食い込んでいた。さらにその上に世界最先端の、全部まとめて一括してやれるクボタの水処理の装置を輸出している。

コシヒカリ並みの極上の米づくりの実験地まではどうしてもたどり着けなかった。しかし富錦《フーキン》市の役人（地方幹部）の話は聞けた。写真は撮らせてもらえなかった。「市庁の弁《べん》公室《こうしつ》（広報部）を通せ。そうでなければ話はできない」と言われた。私がつかんだ事実では、実に30年前から日本の新潟県の水田の黒土《くろつち》を、何十トンも試験栽培用に輸入したそうである。そこまで土壌分析を徹底的に行っているのである。藤原さんという農学者が真剣に米づくりを教えてくれたという。

ハルビンの旧市街の中心地

ハルビンをロシア帝国がシベリア開発の中心都市としてものすごい投資を行った。やがてロシア革命（1971年）が起きて、白系《はくけい》ロシア人（貴族、ユダヤ商人、金持ち層）が逃げて来た。そして更に彼らが豊かな都市を築いた。何となっては不思議な感じがする。

ウスリー河の近くまで行ってみて、東北三省の全体を実感できた。夏には高温になり雨が大量に降ることがわかった。だから農作物をつくるのに支障がない。私自身が現地に来てみるまでこのことがわからなかった。普通の日本人の考えは、北京から北のほうはずっと雨の少ない乾燥した荒れ地が広がっていると思い込んでいる。だから、さらにその北にある旧満州のことを、荒れ果てた極寒の地だと思い込んでいる。とんでもない偏見と遅れた知識である。現実には非常に豊かな穀倉地帯になっていた。

日本人は中国についての正確な知識を教えられていない。戦前、あれほど満蒙《まんもう》開拓団が政府に奨励されて移住していった地帯である。「武装《ぶそう》花嫁」という、銃を手にした文金高《ぶんきんたか》島田《しまだ》の姿の日本からの花嫁が馬車に乗ってやって来た、という写真まで残っていた。武装花嫁は芸者の仮装だと思う。「満洲王道楽土《おうどうらくど》」の国策キャンペーンに騙されて連れられて来た日本人たちは、そのあとが大変だった。敗戦後の地獄の逃避行や引き揚げになった。だから旧満洲には暗い悪いイメージが今も日本に広がっている。

国境を接するロシアとの関係は良好だ

ハルビンの市街を散策してわかったことだが、ハルビンには第二次世界大戦後もロシア人やユダヤ人たちが多く住んでいた。ハルビンはドイツ人やフランス人がつくったデパートや銀行などがあって、立派な石造りの近代都市が1930年代にはできあがっていた。まさしくロシアによるシベリア大開発の中心地として建設された都市である。石原莞爾《いしはらかんじ》中将たちは、「五族協和（大《おお》アジア主義）」、「満洲王道楽土構想」で動いていた。その背後には今のイスラエル建国と同じ、ユダヤ人による新国家建設があった。「ふぐプラン」と秘かに呼ばれた。

しかし1960年代の文化大革命の嵐の中で、さすがにもうここでは生きていけないとわかって、外国人はどんどん脱出していった。ソビエト・ロシアと中国が国境線で軍事衝突を起こして激しく憎しみ合う時代になった。1969年3月に、ウスリー河のダマンスキー島（珍宝島）で軍事衝突が始まった。ロシア人、ユダヤ人はまったくいなくなった。

それらの建物は、権利を譲り受けた中国人たちが商店として経営してきた。現在は「使《し》用権《ようけん》」という50年か70年の期間の不動産の権利《プロパティ・ライト》となっている。中国共産党の地元の地方政府から借り受けるかたちの財産権として持っている。

2014年の現在は、ロシア人と中国人は、国境沿いの町々でかなり仲良く交易している。ロシアのルーブルと中国の人民元の直接交換制（兌換《だかん》）はまだ認められていないので、物々交換のようなかたちで貿易が行われている。もうすぐ「通貨スワップ協定」が結ばれるだろう。

中国は日常雑貨類のすべてを安くで生産しているので、これをロシアの商人たちと経済特区化した国境の取引所で売り買いしている。素朴な自由市場のようなものが国境の諸都市で自然発生的にできている。毎年6月にはハルビンで大きな交易会が開かれ、ロシア側からの大量の買いつけがあるそうだ。

ロシア側からは、恐らく材木や毛皮や鉱物資源が持ち込まれる。それこそキャビアの缶詰や高級毛皮製品などが輸出される。こういう物々交換経済がこの20年ぐらいで成り立っているようだ。ハバロフスク市とブラゴヴェシチェンスク市（中国側が黒河《こくが》市）、そして満洲里《マンジューリ》市が交易の中心地だ。満洲里には、ロシア人のヌードダンサーたちがたくさんきて豪華な演芸場が経営されていて、中国人の人気を集めている。この満洲里から南へ約２００キロ行ったところのハルハ川でノモンハン事変の軍事衝突（１９３９年5月〜9月）が起きたのである。

裏側の話としては、今はロシアのマフィアのような連中と、中国の幇（パン）のヤクザ者の犯罪組織が、裏経済の密貿易をやっているらしい。長い国境線でつながっているから、いくらでも密貿易は行われているはずである。しかしそれらは表には出ない。

ロシアと中国の政府は、にらみ合いの状態のようにも見えるが、共存繁栄を目指してい

東清鉄道を中心に見た旧満州

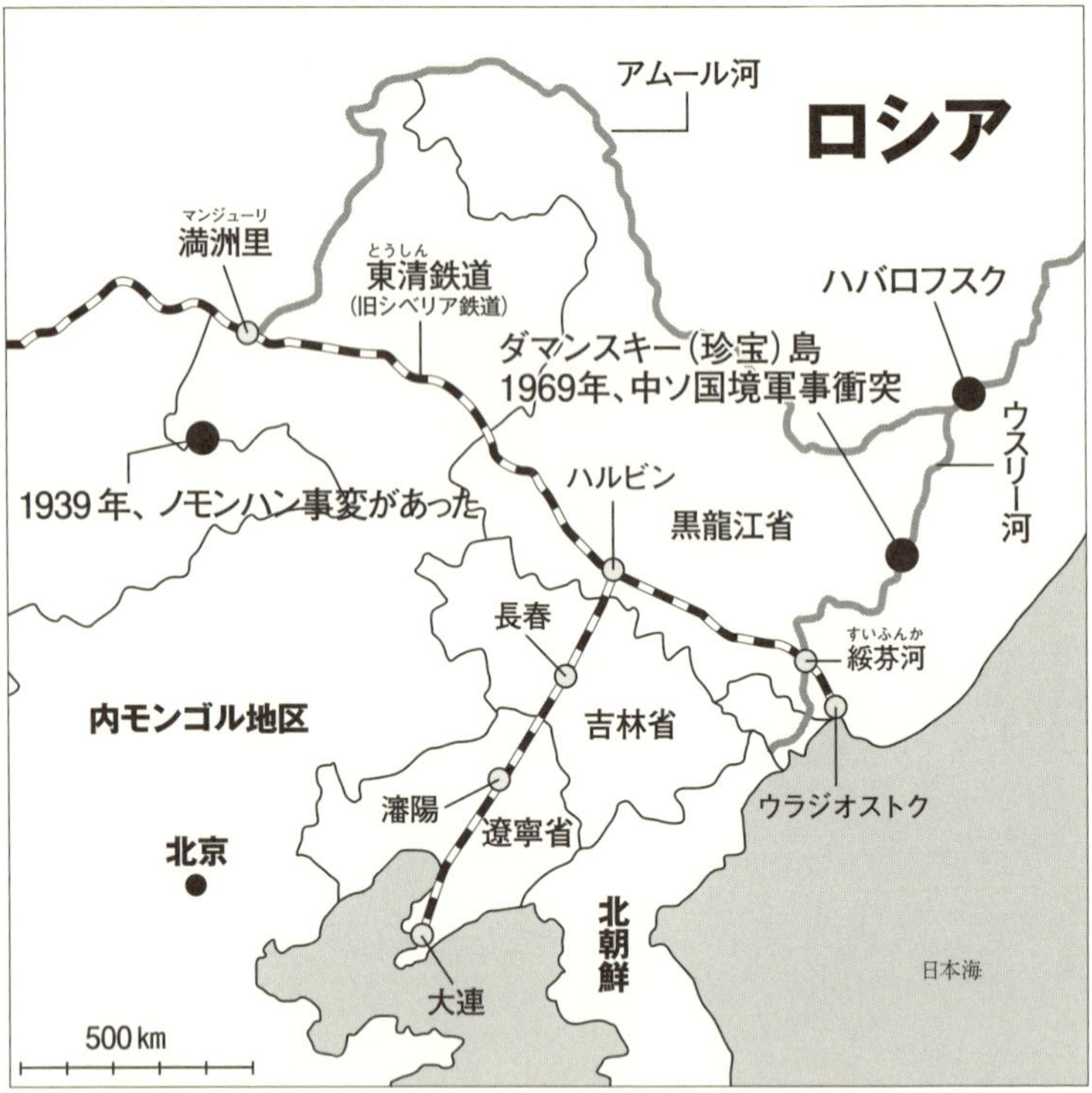

この地図を見ることで旧満洲の全体が一目でわかるはずだ。ロシアは1903年に、東清《とうしん》鉄道をつくったことで、斜《なな》めにばっさり切り裂くように満州全体の大開発を考えたのだ。この翌年1904、5年に日本と日露戦争でぶつかった。P191の地図とよく見比べ合わせてほしい。この雄大さを今の私たちは理解できなくなっている。

る。前述した東清《とうしん》鉄道は、戦後は中国のものになった。だから、このあとロシアはアムール河とウスリー河沿いにぐるりと遠回りして、回り込むかたちでシベリア鉄道を通した。そして日本海側のウラジオストクまでの物資の輸送線を確保している。日本海に面した広大な沿海州《えんかいしゅう》はロシアのものである。その対岸にサハリン（旧樺太）がある。

どうもハバロフスクが、今、大きな成長をしているようである。シベリア開発の拠点になっている。ハバロフスクとハルビンを結ぶ線が、もう一本の引かれるべきまま幻《まぼろし》のシベリア鉄道である。中国側からすれば川向こうのロシア領の町々との間で交易が進み、お互いの繁栄が進むことになる。この動きも止まらないだろう。

ウラジオストクからもっと北朝鮮側の国境に入ったところ、北朝鮮の経済特区（経済開発特別区）である羅先《ラセン》、そしてその港が羅津《ラシン》である。中国側の延吉《えんきち》や図們《ともん》があるのが朝鮮族70万人が住んでいる延辺《エンペン》朝鮮族自治州である。これらのウスリー河に近い地帯の開発もやがて急速に進むだろう。

確認はしていないが、ロシアからの高速道路が羅先《ラソン》地区にまで直接延びていて、北朝鮮とロシアの間の貿易が、かなり活発になっているそうである。それらの報道は、日本国内ではなされない。

ロシアと中国の関係は現在かなり改善されていて、軍事的な緊張は見られない。P77で書いた通り両国は国境問題を解決した。次は日本とロシアとの平和条約（＝戦争終結条約）を目標とした北方四島の帰属の問題の解決である。

ロシアは、日本海に抜けたナホトカ（民間港）とウラジオストク（基本は軍港）を維持して、太平洋に抜けられる今の態勢を維持できればいい。カムチャッカ半島もあるので、アラスカ海峡を通る北極圏航路もロシアは握っている。将来はヨーロッパからの北極圏回りの物流線をロシアは必ず開拓するだろう。

普通語（標準語）はハルビンの言語だった

実は旧満洲で話されているコトバこそは、今の中国語である。

私は5年前の本『あと5年で中国が世界を制覇する』で、プートンファ（普通語）と呼ばれるものはまさしく満洲人が話している言葉なのだ、と書いた。最近は北京官話《かんわ》とは言わなくなった。しかしMandarin マンダリンという英語で残っている。英和辞書に「北京官話、標準中国語、高級官僚」と書いてある。この普通語、標準語と言われるものがこの10年で中国全土に完全に普及したと前著で書いた。

世界中どこに行ってもこの普通語《プートンファ》と呼ばれる中国語が話されている。ヨーロッパのドイツ人やフランス人の学生たちも、この中国語を最も勉強する語学科目に選んでいる。ということは、このプートンファがやがて世界言語になっていく。シンガポールや台湾でも当然学校教育で教えられ使われている。華僑（華人《ホワレン》）が世界中に中国系の人間として存在し、彼らも福建語、広東語とは別に当然のようにプートンファを使うようになった。

　このプートンファのことを、5年前に、私が「ハルビンの満洲貴族たちが話している言葉である」と書いた。こんな当り前の真実を、日本の中国学の学者たちがさっさと書いて日本国民に教えるべきことなのである。非常に重要な事実である。マンダリンというのは、まさしく「満《マン》大《ダー》人《レン》」のことで満洲人の貴族だ。こういう簡潔な事実を日本人は知るべきなのだ。そのために私のような普段着の知識人がいる。

　この度、再度ハルビンでこのことを確認した。やはりハルビンで使われている言葉が、そのまま北京の中央電視台（ＣＣＴＶ。中国の国営テレビ放送局）で、アナウンサーたちによって話されている言葉だそうである。すなわち日本のＮＨＫのアナウンサーがしゃべっている標準語としての言葉が、中国のプートンファである。それはまさしくハルビンの人々の話し言葉（Spoken language　スポークン・ランゲッジ）である。ちょっと南の長春（吉林省）の言葉は少し方言化しているだけで、ほとんど一緒だそうだ。

　ここで話し言葉《スポークン・ランゲッジ》と書き言葉（Written language　リトン・ランゲッジ）の違いをし

っかりと区別しなければならない。書き言葉《リトン・ランゲッジ》としての漢字《かんじ》、漢文《かんぶん》、漢籍《かんせき》は、これは漢民族(Ham race　ハン・レイス)の成立とともにできたものだ。漢字(漢文)とは、ヨーロッパのラテン語と同等ものなのである。正書体のことだ。日本人も大きくはこの漢字文明の一部であり、ここに所属する民族である。このことは疑いようもない。私たちは、日本文という崩《くず》れ漢文を使って生活している。

だから満洲族がつくった清朝(280年間続いた)、この清朝で中国を支配した満洲人が使った言葉が、そのまま中国全土を席巻し、やがて世界中で使われる言葉となっていくのである。

20年前に、私が広東省や香港で「あなたはプートンファを使うのか」と尋ねたら、イヤだと言われた。「あんなズーズー弁のような、(日本で言えば)東北弁のような言葉を使いたくない」と言っていた。しかし今では広東省でもプートンファをほとんどの若い人々が使っている。逆に広東語のテレビ放送局が急激に減ってしまった。もう無くなったかもしれない。中国全土が普通語で統一された時(今から10年ぐらい前だ)に、私は、「中国は世界帝国になる準備を整えたのだ」と判断した。それは、私が10年前に、北京のホテルの部屋でテレビを見ていた時だ。それは「春節夜会《しゅんせつやかい》」という、日本の「紅白歌合戦」と同じものなのだが、ここで、「我々、中国人は世界に羽ばたく」というような歌を普通語で、歌手たちが合唱しているのを聞いた時だ。

ハルビンで私ははっきりと聞いた。中国の美人の女優や歌手たちはハルビン出身者が多いそうだ。そのことを彼女たちは隠しているそうだ。習近平《しゅうきんぺい》夫人で中国のファーストレディである彭麗媛《ほうれいえん》はハルビン人らしい。ロシア人との混血の家系から美人が出るかららしい。有名女優の李双江《りそうこう》、孫伝曹《そんでんそう》、孫悦《そんえつ》、湯燦《とうさん》（歌手）らがそうだという。『紅いコーリャン』（チャン・イーモウ監督、１９８７年）で世界的女優になったコン・リーもそうだ。

中国人に西洋的な倫理観はない!?

亡命知識人の石平《せきへい》氏が、はっきりと私に言った。非常に強烈に強い言葉だった。私はびっくりした。**「中国人にはキリスト教の倫理はない」**と彼ははっきりと断言した。すなわち性欲問題を、中国人は当たり前のこととして公然と受け入れている。中国人はヨーロッパ白人文明のキリスト教の偽善《ヒポ・クリシー》を拒絶する。だから少年少女教育の段階でも、恐らく中国人は人間の性欲というものを大胆に肯定している国民だ。コソコソと隠さない。だからキリスト教式の倫理《エシックス》と道徳律《モラリティ》は中国（人）にはない、と石平氏は言い切った。このことは非常に重要だ。

逆に日本の場合は、明治からこっち、キリスト教の宣教師《ミッショナリー》たちが、どんどん入り込んで来て、キリスト教の倫理感を植えつけた。日本人はほとんどキリスト教化しなかった。今でも日本には100万人以下しかキリスト教徒（カソリックとプロテスタントを合わせて）はいない。

ところが、キリスト教の倫理即ち一夫一婦制は、アメリカ並みに厳しい国になってしまった。フリードリヒ・エンゲルスが「一夫一婦制は、男の支配に対する女たちの勝利である」とはっきり言い切った。人類の理想社会の実現が一夫一婦制で、一夫一婦制をきちんと守って、死ぬまで自分の奥さんだけを愛せよという理屈が、貫徹してしまった。これはキリスト教（実際にはペテロとパウロがつくったローマ・カトリック教会）が、人類（人間）に推しつけた強制思想である。現実の世界は決してそれでうまくは行かない。この共産主義並みの強烈な男女平等思想（一夫一妻制）の前で、人類は今ももがき苦しんでいる。生命の絶対尊重（動物は殺して食べていいが、人命は無限に尊いのでどこまでも長生きさせろ）も、ローマ教会が人類に押し付けた強制思想である。今、これらが破綻《はたん》しつつある。

女たちが一人の男を自分の旦那（配偶者《スパウズ》）にして抑えつけて、「一生私のめんどうを見よ」がんじがらめにする制度思想である。このキリスト教の倫理《エシックス》というかたちで日本にも入ってきた。だから日本の女たちはキリスト教会で結婚式をしたがる。死ぬまで夫婦間だけでの性行為しか認めない、という恐ろしい偽善、巨大な偽善が日本社会を支配した。これはキリスト教支配だから、ヨーロッパ白人諸国がそうなのだが、特に今のアメリカがひどい。

しかし息抜きで、適当に遊ぶ男や女たちがアメリカにも山ほどいるのも事実である。表面上での正義の実現としての性欲の夫婦間だけでの厳守のルールというものが、どれぐらい人間社会を息苦しくしているか、ということを考えなければいけない。中国には満洲人にもモンゴル人（蒙古族）にも漢民族にも、このキリスト教の偽善《ウエジャ》（ヒポクリシー）が無い。だから中国人は不倶戴天《ふぐたいてん》（共に天《ティエン》を戴《いただ》かず）で、キリスト教の天《ティエン》を拒絶したのである。中国人には、中国人の元々からの天（ティエン）。中国のheavenヘブン）があって、天帝《ティエンディ》（中国のゼウス）がいるから他所《よそ》ものは要《い》らない。と言い切る。ここで私はものすごく驚いた。不倶戴天とはそういう意味だったのだ。ああ、知らなかった。

現代の教育問題に現れる、激しい、異常なまでの能力差別、学力競争、試験地獄をつくったことと同じぐらいにヒドい人間抑圧の制度思想の巨大な偽善の体制がヨーロッパ白人文明にはある。これらは誰かが公然と告発すべきことである。だから私がやる。

中国人は、この60年間共産主義という地獄の支配体制を味わった。そこから脱出して彼らが何をやったかというと、やはり自由恋愛というかたちで語られる行動である。しかし実際、人間はそんなに自由ではないから、適当に生活の場や職場や学校で、男と女は知り合って、騙し騙されの関係をつくって、適当にくっついていく。これは動物的行動であるから、これ自体はいいも悪いもない。このことは世界中どこでもやっている。

偽善者《ウエジャ》を笑いとばす中国人

ただ性欲はお金に変わる、というところで、日本人はそれを覆い隠すことで偽善《ヒポクリシー》の側に行ってしまった。「穢《きたな》いものには蓋《ふた》をせよ」で、人間の性欲問題を公然と語ることをしない。中国では、共産主義の抑圧思想から身を振りほどいて実現してきた、この30年間の成長経済（鄧小平の偉大であった改革開放経済）の中で、女たちがたくさん売春婦になることで、自分の体を売ることで、「資本の原始的蓄積」を行って豊かさを手に入れた。

私が10年前に、中国のホテルで目撃したきれいな女たちは、すべて売春婦だった。日本で言えば、女優並みのきれいな女たちはほとんどが売春婦だった。しかしこれが今、急激に減っている。売春婦たちで今、美人と呼ばれる人間たちは、ほとんどが広東省や海南島の南の遊び場に、出稼ぎで出掛けて行ってしまっているらしい。東北三省では高級ホテルでの売春業が成り立たない。南下して、大連《だいれん》あたりが歓楽街で栄えているのではないか。

どうやら中国社会は、このことを許容しているようである。許容というのは不思議なもので、女たちまでが、その現実を笑いながら認めている。日本だったら、女たちは、そういう、愛人を囲っている政府官僚というのは眉をひそめられて、吐き捨てられるような感じで、相手にされない。そのくせ、日本では週刊誌で毎週のように、有名人たちの男女の愛憎劇が暴露され、有名人（含む、官僚、政治家）たちだけが次々と〝報道の自由〟で刺し殺されてゆく。中国では恐らく愛人を何人か持っている男のほうが、実際上、庶民感覚としては尊敬されているようである。このことを「腐敗だ、摘発すべきだ」と騒ぐのは、共産党の官僚たち自身である。これは偽善者《ヒポクリット》（中国では偽者《ウエジャ》という）の上塗りである。

すなわちキリスト教の倫理が中国にはないということは、そういうことだ。イスラム教は4人まで奥さんを、力のある金持ちの権力者層は持っていい（普通の男はだいたい一夫一婦制）。これと同じように中国でも力のある男たちは愛人（妓女《きじょ》）を何人も抱えていてよかった。儒教（日本では儒学という）の大先生でも、そのようにしてきた。そのことを民衆は蔑《さげす》まなかった。この性欲についての正直な嘘偽りのない態度こそは褒《ほ》めるべきである。人類にとっての偽善というものを最初から見抜いている民族というか、中国人は大きな国民である。だから「キリスト教の倫理は中国には（いら）ない」なのだ。モンゴル人も満洲人も同じだと思う。

だからローマ・カソリック教会（ヴァチカン）は、今も中国共産党政府と激しく争っている。両者には和解がない。世界の各地域《リージョン》ごとに大司教（アーチ・ビシップ）がいることになっている。だから中国にもいる。ある人物と決まっているのだけれども、その人が中国のどこにいるのかわからない。この人とは別に、中国政府が勝手に認めた中国の大司教というものも存在する。これは新聞紙上でも、公然といがみ合いをやっている。

中国人は、ユダヤ教やキリスト教に対して、なんの劣等感も恐怖感も持っていない、というすばらしい特徴を持っている。恐らく中国人はイスラム教徒と似ている所があって、偽善《ヒポクリシー》がないというところが大きな特徴であろう。

中国には政治的な恐怖政治と絶望的な貧困があったのだけれども、逆に偽善がないというところが、中国社会の大きな特徴だ。

だから中国人というのは裏表《うらおもて》がない国民だと言える。それに対して日本人は、あらゆる面で、裏と表というものを使い分けて生きている卑屈な国民文化を持っていると言える。

ここで最後にはっきりと書いておくべきことがある。中国には、現在５０００万人のキリスト教徒がいる、とされる。ＮＨＫでも昨年（２０１３年）、「中国のキリスト教徒たちの現状」という報道特集があった。だが、あの中国のキリスト教徒たちというのは、ほとんどは法輪功《ほうりんこう》（ファールンゴン）という特殊な気功集団の信者たちである。この事実を私は中国で聞いて回ってほぼ確認した。法輪功《ファールンゴン》という、強力な反《はん》中国共産党の宗教団体を裏側から操《あやつ》っている力が何なのか。このことは私のこれからの研究課題のひとつである。

七三一部隊の実像

私は、七三一部隊の遺跡を見に行った。ハルビンの南20キロにあった。

七三一部隊（軍医の石井四郎《いしいしろう》中将の部隊）が、旧日本軍の生物化学兵器（細菌と化学物質）の製造および実験の残虐な行為を極秘裏に行っていたことは証明されている。約3000人の中国人、ロシア人が人体（生体）実験されて殺された。これは日本でも1981年に森村誠一著の『悪魔の飽食』が出版されてかなり騒がれた。あれから33年が経《た》つ。日本国内ではその後騒がれなくなった。しかし日本人の頭の中に、ズシリと今も重くのしかかっている。日本人の多くは、この七三一部隊で行われた生物化学の兵器用実験で残虐なことが多く行われただろうを何となく知っているがあまり語りたがらない。「戦争中の、非人間的な時代の出来事だから、仕方がなかったんだ」で、いつもながらの「仕方がない」理論にして終わりにする。

今の日本人は、ほとんどのことは、この「仕方がない理論」で説明して納得して、それで終わりにする。実際の被害が今の中国で出ているわけではないし、残留されたイペリッ

七三一部隊には言葉を失う

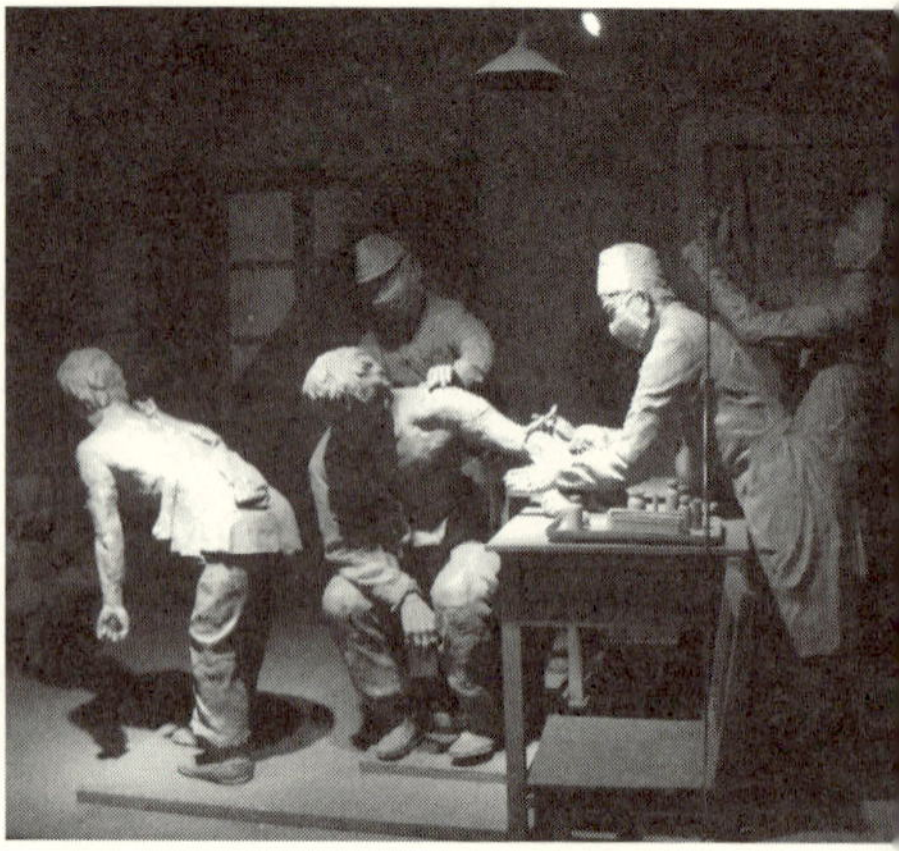

七三一部隊（石井四郎部隊）による生体実験の証拠（1936～1945）

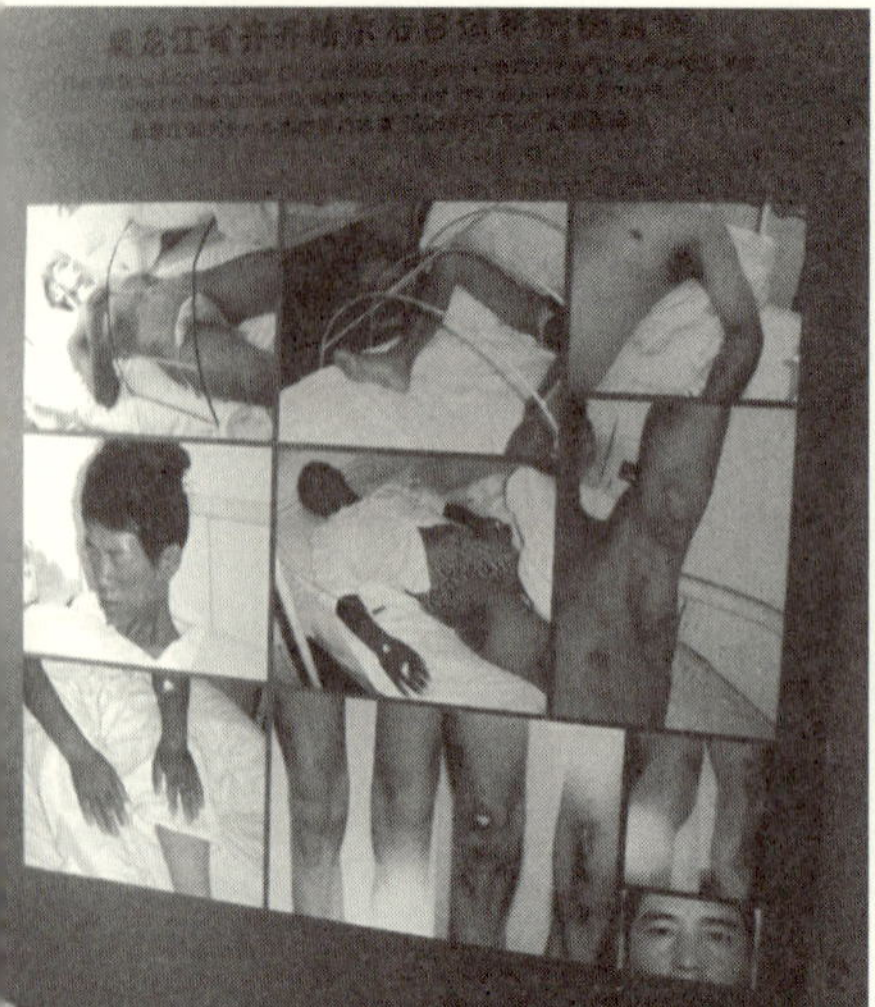

ト爆弾などの化学爆弾で被害が出た人も、戦後10年ぐらいのものであろうから、現在は被害はまったくない。ただし、戦争中の残虐な生体実験（vivisection　ヴィヴィセクション）の類に対する賠償と補償の話は、日本と中国の政府間で秘密で今も進行しているのだと思う。

日本側は臭《くさ》いものには蓋をするで、まったく騒がなくなった。しかし中国側としては、人道《ヒューマニティ》に対する犯罪の問題として、今後も取り上げていくだろう。この七三一細菌（生物）兵器部隊を除けば、全体として、満州（帝）国という傀儡《かいらい》国家をつくったこと以外では、日本軍が旧満洲地帯で民衆（非戦闘員）にひどい行動を取ったということは、ない。ただ1931年の柳条湖事件（満洲事変）の時の、後の平頂山《へいちょうざん》事件などのような抗日ゲリラとの戦いの中では、見せしめや報復行動としての民衆殺しや、集団殺戮みたいなものも行われた。

石井四郎中将たち帝国大学医学部を出たエリートの軍医たちは、当時の世界のすべての先進国が、生物兵器（細菌戦及びその防護）と化学兵器（毒ガス研究）をやっていたことに同時併行して、当時はきわめて自然なこととして、これらの残虐きわまりない、戦争捕虜たちへの生体実験（生体解剖を含む）を行った。

そして石井四郎たちは、敗戦後もアメリカ軍の厳しい取り調べを受けただけで、戦争犯罪者《ウォークリミナル》として裁判に掛けられることはなかった。七三一部隊が行った人体実験の資料（成果）はすべてアメリカ軍が持ち去った。

この問題であまり語られないのは、石井四郎中将と仲が良くて、つながっていた日本陸軍の情報部（軍事スパイ）や特務機関を指揮していた、田中新一中将や服部卓四郎《はっとりたくしろう》中将（のちに占領軍下で「服部機関」をつくる）ら、陸軍幹部で大物だった者たちが、石井部隊とのつながりで、A級戦犯にならず処刑もされなかったことだ。この他の七三一部隊に関係した高級軍医たちは戦後は、ミドリ十字に就職した。のちに日本赤十字までを巻き込んで大騒ぎになったエイズ菌の薬剤問題に、彼ら「七三一部隊軍医たち」の動きがあった。今は、ミドリ十字は田辺三菱製薬の中に吸収されている。日本国内の七三一部隊の研究施設は東京の高田馬場駅から近くの「米軍戸山《とやま》ハイツ」になっていた、戸山練兵場である。今も日本政府は、世界基準に合わせて生物化学兵器の防護学の研究を続けている。

（了）

巻末付録　主要な中国株の代表的銘柄32

■　中国最大の都市銀行（メガバンク）

中国工商銀行（チュウゴクコウショウギンコウ）

01398　銀行　メインボード　**現在 4.77香港ドル**（2014/1/24）

年間値上率 **−20.00%**

資産総額で中国国内最大の商業銀行。時価総額は上場銀行で世界最大を誇る。13年6月末の預金残高は14兆5100億元、貸出残高は9兆4400億元。

営業拠点は国内1万7613、海外388カ所（13年6月末）。日本でも東京と大阪に支店、池袋に出張所が開設されている。株式の70%は中国財政部と政府系投資ファンドが所有している。

■　外国為替の専門銀行から発展

中国銀行（バンク・オブ・チャイナ）

03988　銀行　メインボード　**現在 3.33香港ドル**（2014/1/24）

年間値上率 **−12.20%**

1912年設立。中国の4大国有商業銀行のひとつ。13年6月末の預金残高は9兆8800億元、貸出残高は7兆4400億元。

13年6月末の総店舗数は1万1409店。日本にも東京、大阪、名古屋、横浜、神戸に支店がある。長く外国為替専門銀行としての役割を果たし、貿易決済業務では中国最大手。

■　国内第2位の商業銀行
中国建設銀行（チュウゴクケンセツギンコウ）

00939　銀行　メインボード　**現在 5.40香港ドル**（2014/1/24）

年間値上率 **−18.55%**

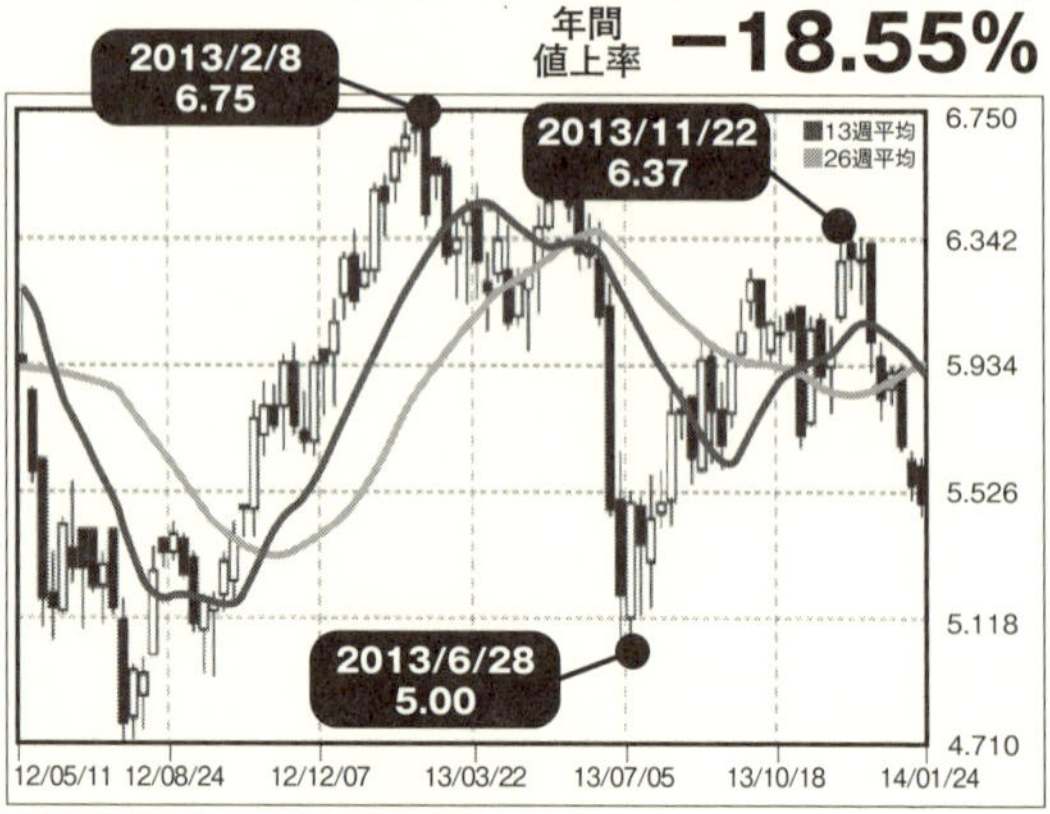

中国工商銀行、中国農業銀行、中国銀行と並ぶ中国4大国有商業銀行のひとつ。

1954年の創業以来、政府のインフラ融資部門を担った。資産総額で国内2位。13年6月末の預金残高は12兆1500億元、貸出残高は7兆8800億元。

営業拠点は国内1万4295カ所（13年6月末）。海外ではニューヨークや東京などに拠点を置く。

■　売上高世界1位のゼネコン
中国鉄建（チャイナ・レールウェイ・コンストラクション）

01186　建設　メインボード　**現在 6.81香港ドル**（2014/1/24）

年間値上率 **−25.00%**

鉄道、道路、橋、港湾など、中国のインフラ設計・建設の最大手。人民解放軍系列の中国鉄道建築から独立して2007年11月に設立。

13年3月の鉄道部解体の余波で受注が落ちたが、政府の鉄道投資計画が上方修正され、受注が加速。事業地域は中国全土と世界60あまりの国・地域に及ぶ。不動産事業を国内37都市で展開。

■ アフリカへも進出する民間最大手の建設会社

宝業集団（バオイエ・グループ）

02355　建設　メインボード　　**現在 4.95香港ドル** (2014/1/24)

年間値上率 **−17.06%**

浙江省を本拠地とする中国トップクラスの民間建築企業。都市開発や公共建設、工業団地造成など建築工事の請負や施工、建築材料の研究開発・生産、不動産開発まで手広く行う。

13年6月期の建設中物件は、公官庁・公共施設が31%を占める。国内の事業エリアは長江沿岸部が中心。アフリカ諸国でも事業を展開する。06年から大和ハウスと業務提携。

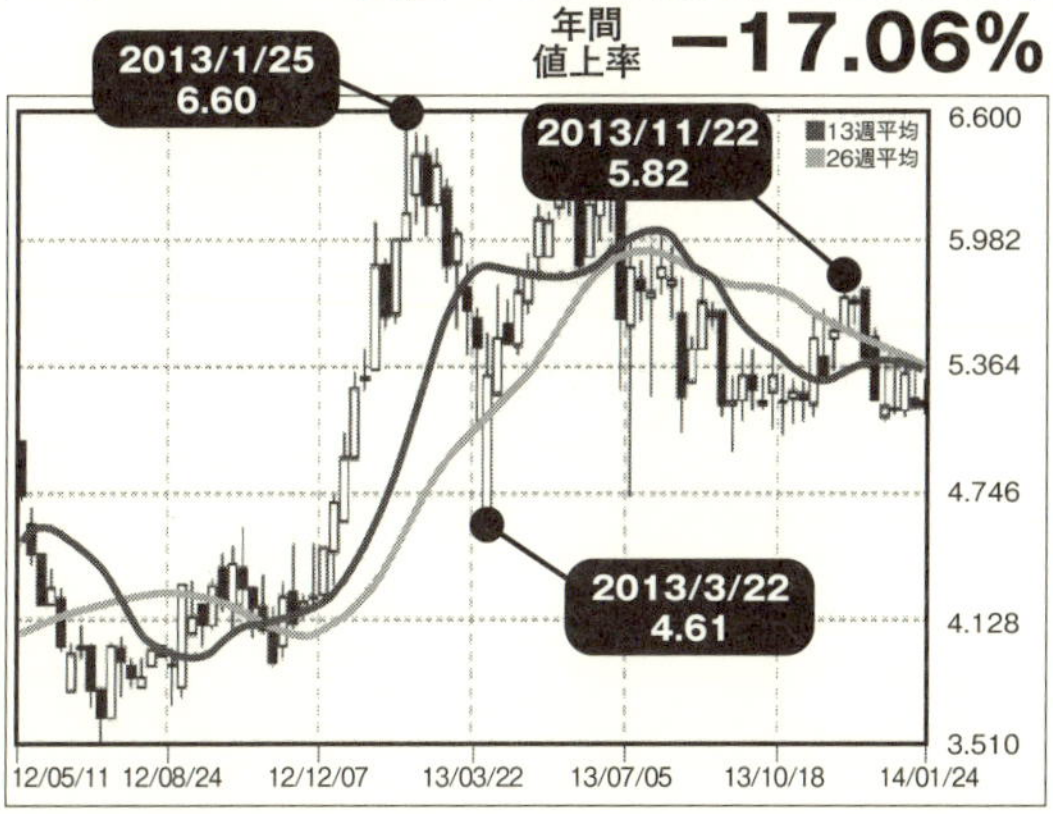

■ 中国最大手の生保

中国人寿保険（チャイナ・ライフ・インシュランス）

02628　保険　メインボード　　**現在 22.45香港ドル** (2014/1/24)

年間値上率 **−15.28%**

中国最大の生命保険会社である。13年上期の国内生保市場シェアは33%ある。68万人の保険外交員を抱え、販売代理店は8万8000カ所を数える。個人向け、団体向け生保業務を主に手がける。

13年6月末の運用資産は1兆8600億元に上る。香港、ニューヨーク、上海に重複上場している。

■ 国内第2位の生保大手

中国平安保険（ピンアン・インシュランス）

02318　保険　メインボード　　**現在 65.95香港ドル**（2014/1/24）

年間値上率 **−5.31%**

保険大手では唯一の私営企業。保険だけでなく、銀行、証券など総合的に金融サービスを展開している。13年上期の保険料収入シェアでは生保14%、損保16%でいずれも国内2位。

13年6月末の運用資産は1兆1500億元に上る。13年2月、筆頭株主がHSBC（香港上海銀行）の売却によりタイ財閥チャロン・ポカパンに入れ替わった。

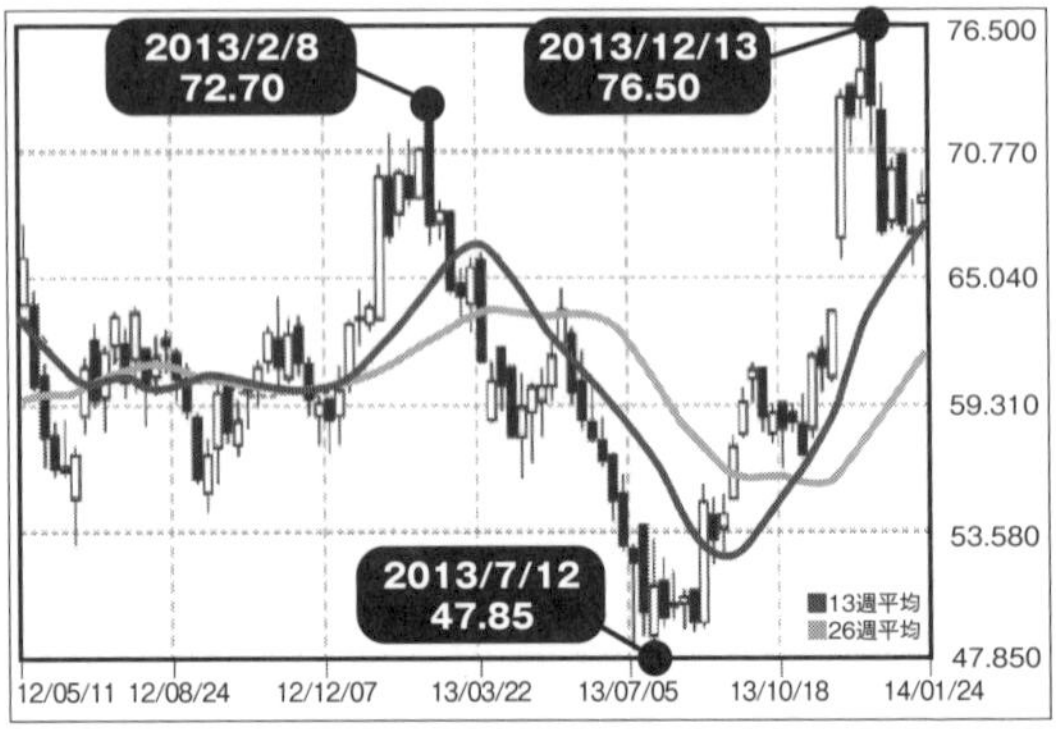

■ 中国3大石油メジャーの最大グループ

中国石油天然気（ペトロチャイナ／CNPC）

00857　石油・石炭　メインボード　　**現在 7.87香港ドル**（2014/1/24）

年間値上率 **−28.58%**

原油・天然ガスの探査・生産で国内最大。精製、加工、輸送、貯蔵、販売も手がけ、国内に1万9800軒以上のガソリンスタンドを有する。ガソリンの小売り販売シェアは国内39%。

傘下の確認埋蔵量は原油110億バレル、天然ガスが68兆立方フィート（12年末）。世界各地域で探査・開発を進めている。

■ 中国石油メジャー第2位
中国石油化工（シノペック／CPC）

00386 石油・石炭 メインボード **現在 6.29香港ドル**（2014/1/24）

年間値上率 **−10.83%**

原油・天然ガスの探査・生産、パイプ輸送から、石油精製、原油・天然ガス、精製油の販売、工業用化学加工製品の製造・販売まで手広く手がける。ペトロチャイナに次いで国内2位の石油メジャー。

ガソリンスタンド3万店以上を展開している（13年6月末）。前CEO蘇樹林（そじゅりん）は福建省省長に転出した。資源派（石油閥）の旗頭と目されている。

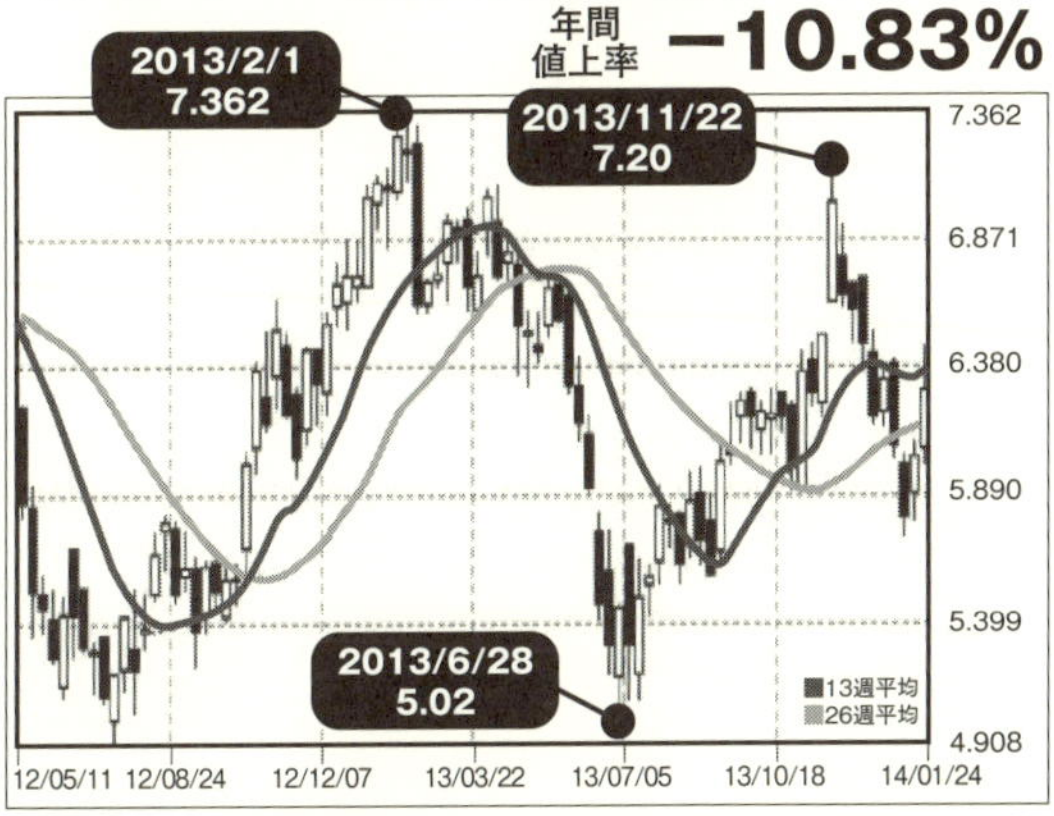

■ 中国石油メジャー第3位
中国海洋石油（シノック／CNOOC）

00883 石油・石炭 メインボード **現在 12.66香港ドル**（2014/1/24）

年間値上率 **−21.76%**

海底油田やガス田の探査・開発、原油の生産販売を手がける。天然ガスの生産では国内1位。中国近海の他、インドネシア、ナイジェリア、オーストラリア、アメリカ、カナダなどでも事業を展開する。

12年末時点の確認埋蔵量は34億9000万バレル（石油換算）。13年、カナダの石油会社ネクセンを買収。CEOの王宜林（おうぎりん）は資源派の一人。

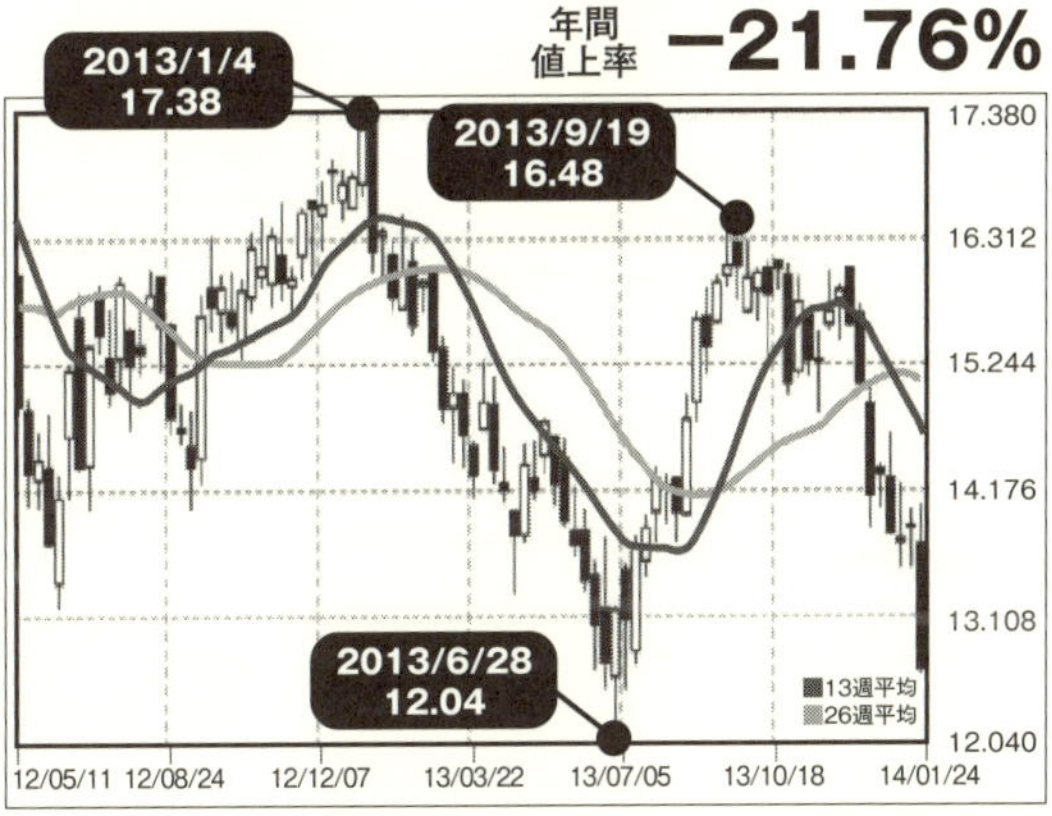

■ 中国最大の石炭会社

中国神華能源（チャイナ・シェンフア・エナジー）

01088　石炭　メインボード　**現在 21.25香港ドル**（2014/1/24）

年間値上率 **−34.92%**

石炭生産量は中国第1位で、世界でもトップクラス。石炭の生産、販売から輸送、発電まで手がける総合エネルギー会社。

内モンゴル自治区と陝西省に3鉱区を有し、可採埋蔵量は149億トン（13年6月末）。

鉄道5本、港湾2カ所の輸送網を持つ。華北地区を中心に22カ所の発電所を保有（12年末）する。主な輸出先は日本、韓国、台湾。

■ 中国の鉄鋼最大手

鞍鋼（アンガン・スチール）

00347　鉄鋼・非鉄金属　メインボード　**現在 5.14香港ドル**（2014/1/24）

年間値上率 **−15.74%**

生産拠点を遼寧省の鞍山と営口に置く総合鉄鋼メーカー。事業は、鉄鋼から、シームレスパイプ、ワイヤー、プレート、ビレットの製造・販売など多岐。家電、船舶、コンテナ用鋼材の供給率で国内1位、自動車用薄板で国内2位。

輸出量は総生産額の8%

2期連続で赤字が続いたが、13年に黒字に転じた。13年、神戸製鋼と合弁会社設立に合意。

■ 中国政府系の大手デベロッパー
中国海外発展（チャイナ・オーバーシーズランド）

0688 不動産 メインボード **現在 21.65香港ドル**（2014/1/24）

年間値上率 **−13.23%**

実質の親会社は国務院直属の中国建築工程総公司である。香港、マカオ、広州、上海、北京、四川省成都、江蘇省南京、江蘇省蘇州など中国の主要都市でビル、建設、土木工事、関連プロジェクト管理などを行う。

13年上期の成約額は過去最高の801億香港ドルを記録。主力の不動産開発が2桁増収と好調で最高益を達成した。

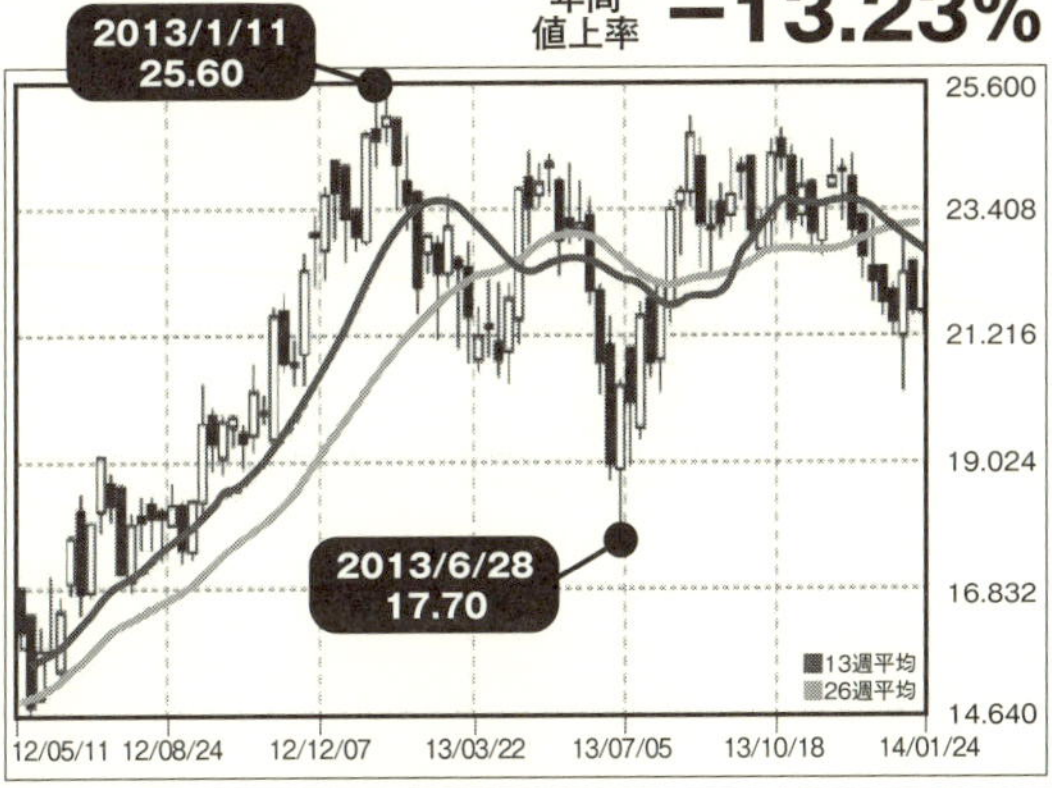

■ 不動産デベロッパー中国最大手
万科企業（バンカ）

200002 不動産 深圳B株 **現在 13.13香港ドル**（2014/1/24）

年間値上率 **−4.51%**

中国最大規模の不動産開発会社。珠江デルタ、長江デルタ、環渤海湾地域の3大経済圏を中心に不動産開発、不動産管理、投資コンサルティングを行う。

中小規模の普通住宅の販売が90%を占める。ここ数年は中国不動産企業ベスト100でトップを維持。13年には、現地の大手デベロッパーと提携し、香港、シンガポール、アメリカへも進出した。

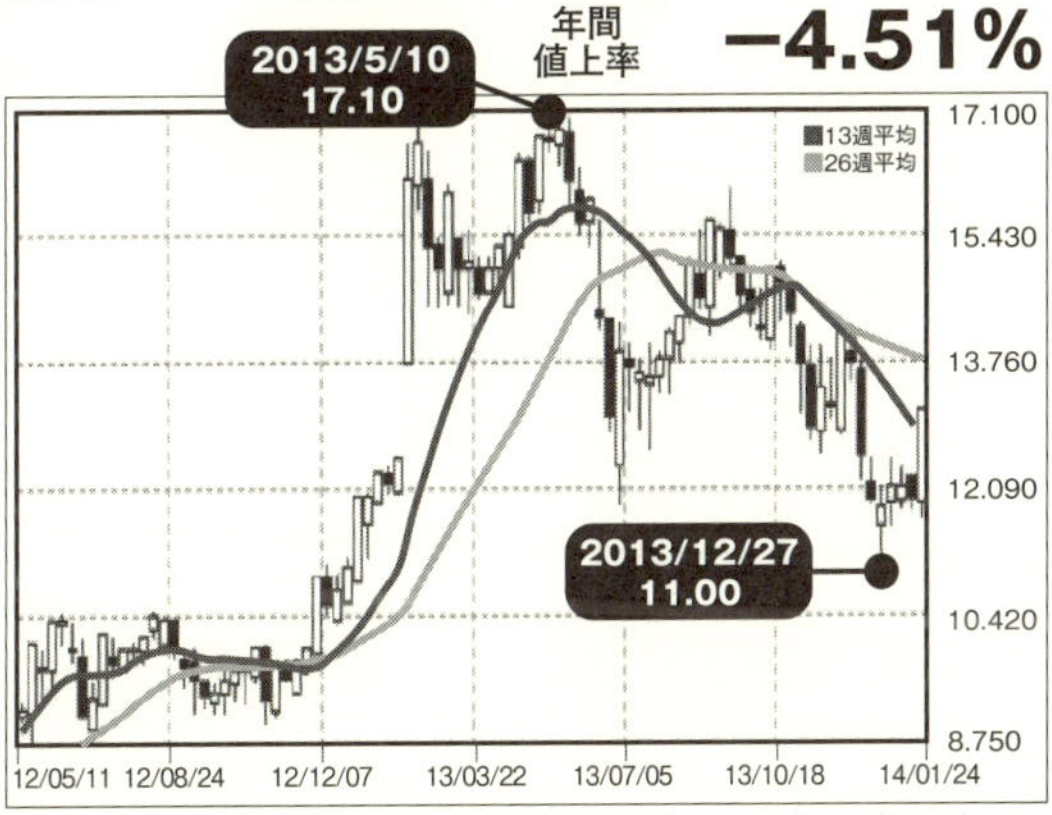

■ 開発販売からホテル事業まで手がけるデベロッパー

華潤置地（チャイナリソーシズ・ランド）

01109　不動産　メインボード　　**現在 18.92香港ドル**（2014/1/24）

年間値上率 **−18.45%**

国務院直轄の中国政府系である華潤（ファルン）グループ傘下のデベロッパー。不動産開発、販売を主力とする。建設、内装、ホテル事業も手がける。北京、上海など全国45都市で事業を展開。賃貸事業にも力を入れている。

保有用地の総床面積は3088万㎡（13年6月末）。代表的な物件に北京華潤大厦、瀋陽華潤中心などがある。

■ 中国最大の重電メーカー、“中国の日立”

上海電気集団（シャンハイデンキ）

02727　機械　メインボード　　**現在 2.51香港ドル**（2014/1/24）

年間値上率 **−28.29%**

ボイラーやタービンから、エレベーター、重機、ディーゼルエンジンなど幅広く製造販売を行う中国最大の重電メーカー。売上げの6割は火力・原子力などの発電設備が占める。

太陽光発電設備事業からは撤退。一方、風力、原子力発電などの新規事業を強化している。13年、日本の古河グループの中核企業である富士電機との合弁会社設立に合意。

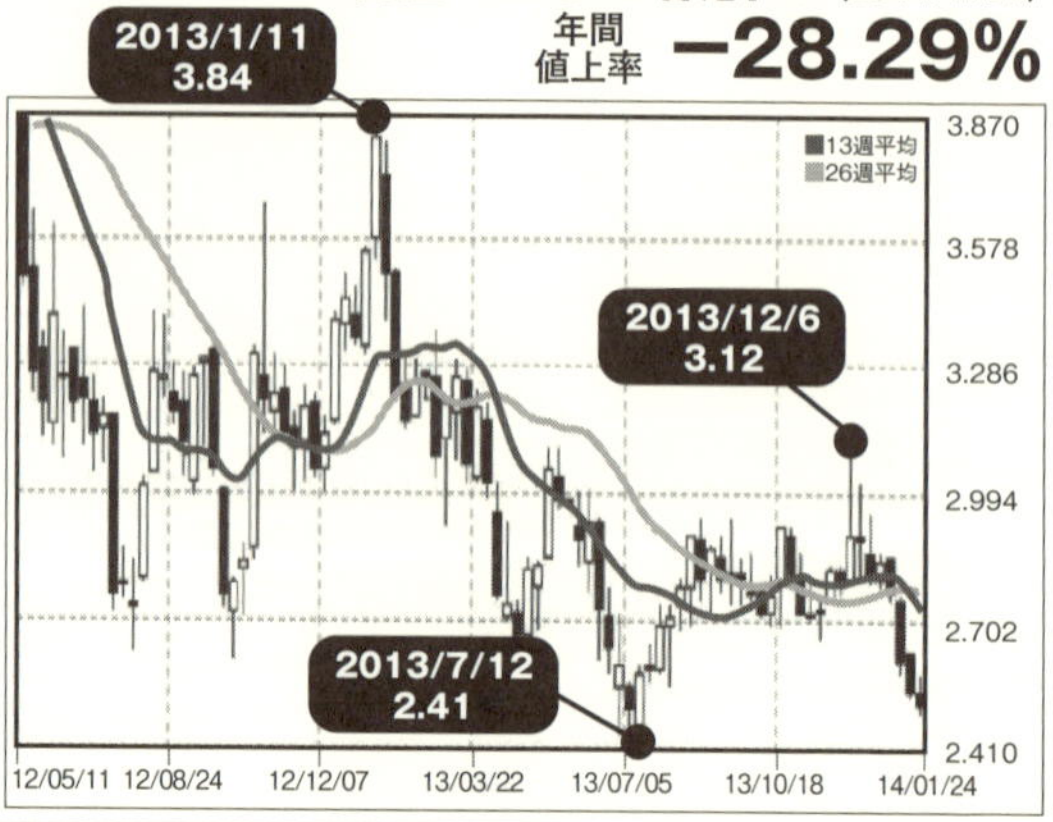

■ 中国の家電量販チェーン大手
国美電器(コクビデンキ)

00493　小売　メインボード

現在 1.31 香港ドル (2014/1/24)

年間値上率 **35.05%**

中国の大手家電量販店。1987年、北京に第1号店を出店。創業者の黄光裕(こうこうゆう)は中国有数の富豪として知られたが、10年にインサイダー取引と収賄で有罪判決を受けた。

主な事業は、家庭用電気製品、デジタル製品の国内販売。販売店は全国各地に1073店を展開(13年6月末)。12年のチェーンストア売上ランキングで国内3位。

■ 中国のNTT
中国電信(チャイナ・テレコム)

00728　通信　メインボード

現在 3.68 香港ドル (2014/1/24)

年間値上率 **−16.36%**

固定電話で中国第1位、携帯電話で中国第3位。固定電話とブロードバンド事業は世界最大規模。政府主導による業界再編で、08年に再び携帯電話部門へ参入した。

契約数は固定電話1億6000万件、携帯電話1億6000万件で国内シェア15%(13年6月末)。長らく中国聯通が唯一の正式なiPhone取り扱い事業者であったが、12年から正式に取り扱いを開始した。

■　中国のドコモ

中国移動（チャイナ・モバイル）

00941　通信　メインボード　**現在 76.15香港ドル**（2014/1/24）

年間値上率 **−13.71%**

中国電信から2000年に分離独立した。国内シェア63%を誇る携帯キャリアの中国最大手。中国全土と香港で事業を手がける。

携帯電話契約数は7億4000万件（13年6月末）で世界でも最大規模。08年固定電話3位の中国鉄通集団を吸収合併した。09年には台湾第3位の携帯電話会社に出資して、台湾へも進出した。

■　携帯ビッグ3の一角

中国聯通（チャイナ・ユニコム）

00762　通信　メインボード　**現在 10.32香港ドル**（2014/1/24）

年間値上率 **−20.74%**

中国移動（チャイナ・モバイル）、中国電信（チャイナ・テレコム）に次ぐ売上中国第3位の通信キャリア。

携帯電話契約数では2億6200万件で、中国電信を抜いて第2位のシェアを占めている（13年6月末）。主な事業は、携帯電話、固定電話、インターネット通信網の展開。中国で最初にiPhoneを導入した。

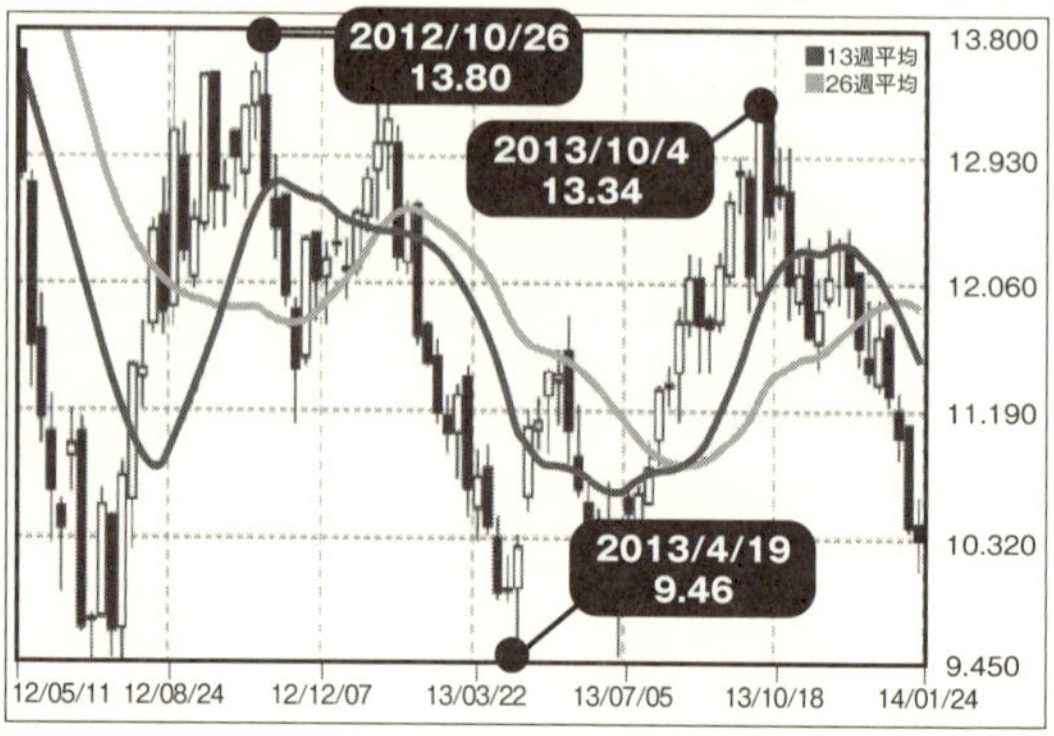

■ 政府直系の流通大手

華潤創業（チャイナリソーシズ・エンタープライズ）

00291 コングロマリット メインボード 現在 **23.50**香港ドル（2014/1/24）

年間値上率 **−13.12%**

国務院直属の華潤（ファルン）集団傘下。09年までに石油製品販売、紡績、コンテナ事業などを売却して小売、飲料製造、食品加工に経営を集約した。

小売事業は「華潤万家」ブランドでスーパーマーケット、コンビニを中国全土と香港で展開している。製造しているビール「雪花」は国内シェア22%、売上げ国内1位。

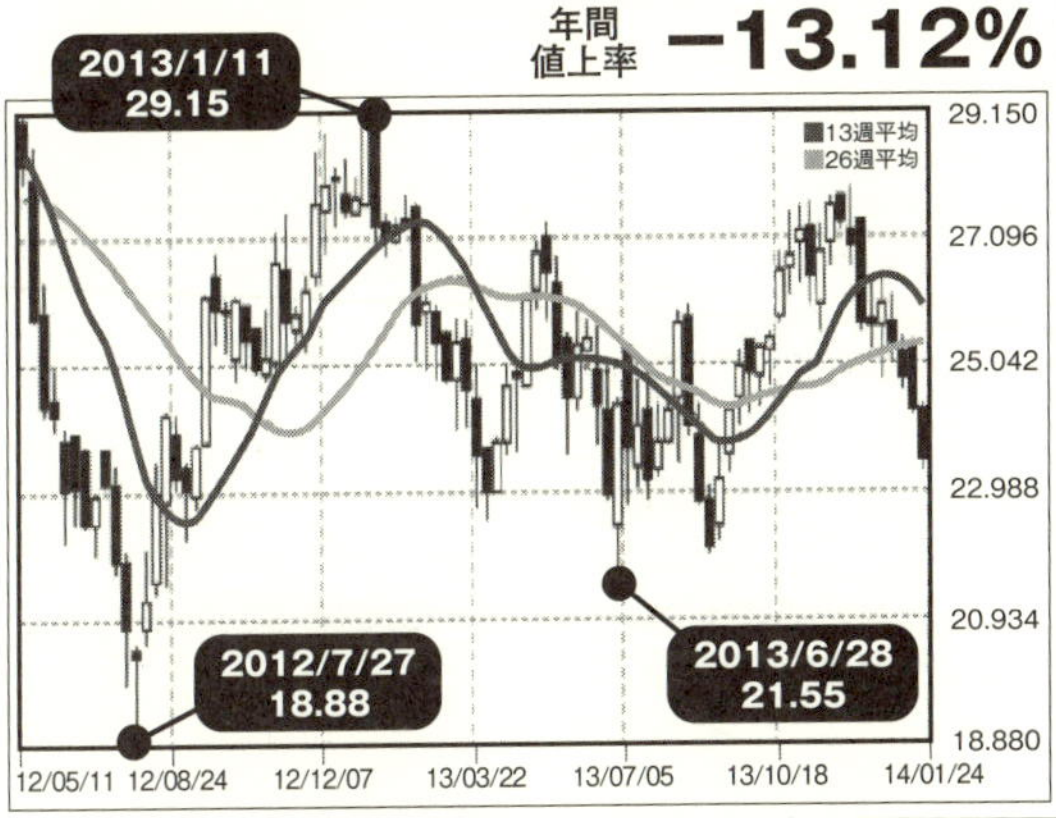

■ スーパーマーケットで中国1位

聯華超市（リエンフア・スーパーマーケット）

00980 小売 メインボード 現在 **5.71**香港ドル（2014/1/24）

年間値上率 **−11.08%**

中国国内屈指の老舗小売チェーン。「世紀聯華（リエンファ）」「聯華超市」「快客便利」などのブランドで華東地区を中心に販売網を展開している。国内店舗数は4637店（13年6月末）。この内、コンビニは1966店。

09年に同業の聯華超市を買収した大手小売りグループの百聯集団が実質の筆頭株主。97年に三菱商事が資本参加したが、13年に売却、解消した。

■　中国の「ユニ・チャーム」
恒安国際集団（ハンアン・インターナショナル）

01044　ヘルスケア　メインボード　**現在 82.20香港ドル**（2014/1/24）

年間値上率 **−5.896%**

中国のトイレタリー大手。福建省と広東省を中心に事業を展開している。ティッシュペーパー「心相印」、ナプキン「安楽」「安爾楽」、紙おむつ「安児楽」「安而康」など、多くのブランドを有する。トイレタリー製品の生産・販売で業界トップ。

08年に大手菓子メーカー親親食品に出資し、食品事業にも参入。11年には香港ハンセン指数の構成銘柄となった。

■　世界最大のパソコンメーカー
聯想集団（レノボ・グループ）

00992　IT　メインボード　**現在 10.44香港ドル**（2014/1/24）

年間値上率 **−32.49%**

05年にIBMのパソコン部門を買収し、世界大手のPCメーカーとなった。法人向けは「Think」、個人ユーザー向けへ「Idea」のブランドで展開。PCの世界シェア17.3%で世界1位（13年7-9月期）。

09年、携帯電話機の製造に再参入し、スマートフォンやタブレットを製造開始。11年、日本 のNECとも合弁会社を設立した。

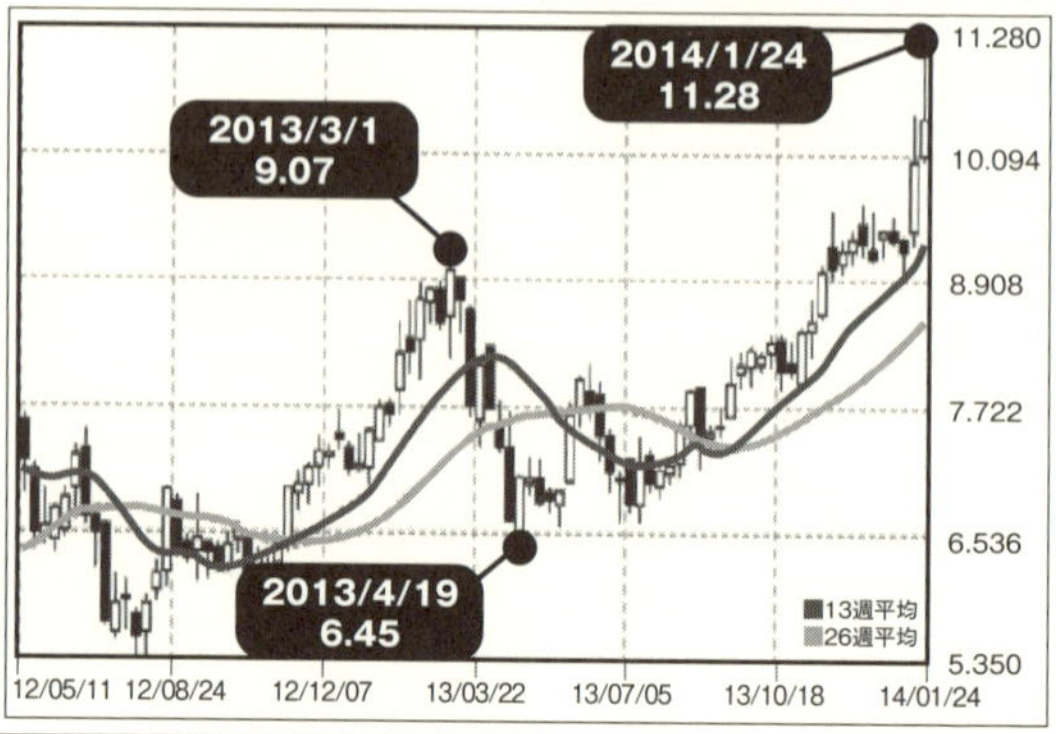

■ 中国第2位の自動車メーカー
東風汽車集団(ドンフォン・モーター・グループ)

00489 自動車 メインボード **現在 11.74香港ドル** (2014/1/24)

年間値上率 **−3.77%**

中国の自動車ビッグ5の一角。傘下に03年に日産自動車との折半出資で設立した東風(ドンフォン)汽車を持つ。同じく03年、ホンダと設立した東風本田汽車、さらには仏プジョー・シトロエンとの合弁による神龍(しんりゅう)汽車も擁している。生産能力は年間乗用車220万台、商用車81万台。国内販売台数のシェアは乗用車、商用車ともに11%(13年6月末)。

■ 中国自動車ビッグ5のひとつ
広州汽車集団(グランジョウ・オートモービル)

02238 自動車 メインボード **現在 8.04香港ドル** (2014/1/24)

年間値上率 **13.56%**

広東省の広州地盤の大手自動車メーカー。トヨタ、ホンダとの合弁会社を通じて乗用車を製造。トラックは日野自動車との合弁で製造している。

代表車種は「カムリ」「アコード」「オデッセイ」など。

13年の販売台数は41%増の100万台に上った。国内シェアは乗用車4%を占める。

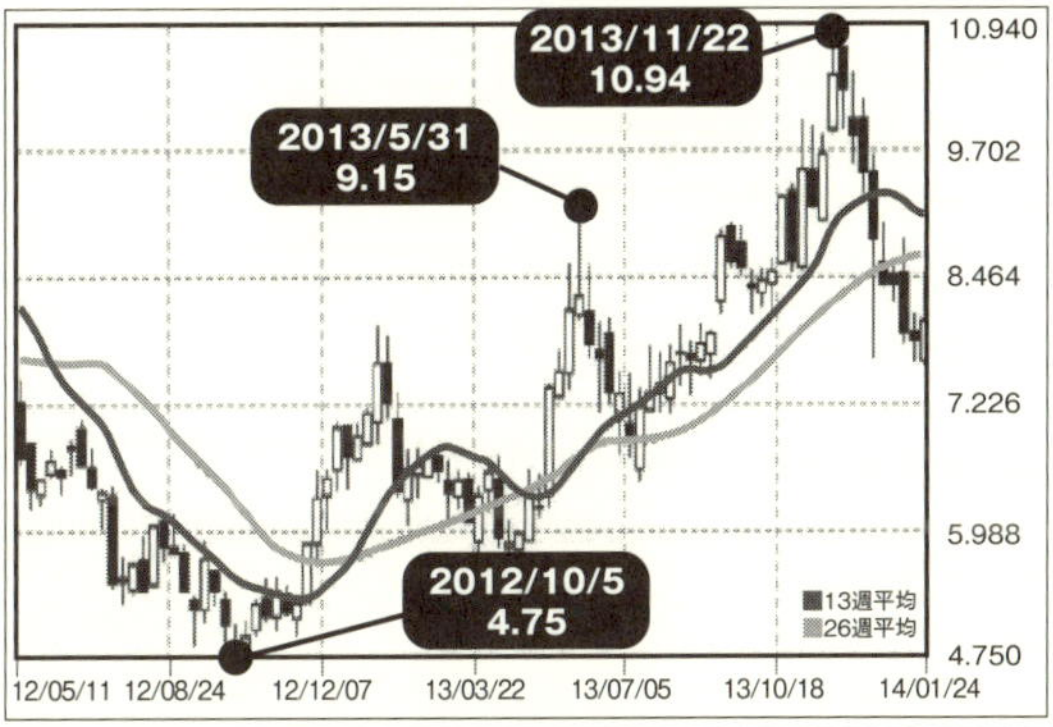

■ 中国の雪印乳業

中国蒙牛乳業（チャイナ・モンニュウ・デイリー）

02319　食品　メインボード　**現在 36.55香港ドル**（2014/1/24）

年間値上率 **56.53%**

内モンゴルを拠点とする大手乳製品メーカー。世界乳製品メーカー番付で3年連続して20位以内に入っている。12年の国内牛乳シェアは25.6%で、伊利（イーリー）実業を抑えて首位に立つ。

主な事業は、ミルク、アイスクリーム、及びその他乳製品の製造。マレーシア、ベトナム、インドなどの海外市場の開拓も進めている。ヨーグルト事業ではダノンと提携。

■ 中国のJAL

中国国際航空（エアチャイナ）

00753　運輸　メインボード　**現在 5.13香港ドル**（2014/1/24）

年間値上率 **−30.49%**

中国の最大の航空会社。中国東方航空、中国南方航空とあわせて、3大航空会社の一角。主な事業は、航空運輸（旅客・貨物）、航空関連サービス。

運行路線数は308本、就航都市は世界30カ国・地域、148都市に上る。保有機体数は470機。傘下に山東航空、マカオ航空などを抱える。06年、キャセイパシフィックと資本業務提携した。

■ 中国のトップ家電メーカー

海爾電器（ハイアールエレク）

01169 製造（軽工業）メインボード 現在 **22.95** 香港ドル （2014/1/24）

年間値上率 **92.86%**

中国最大の家電メーカー。洗濯機は4年連続で世界シェア1位を誇る（12年）。11年、三洋電機を買収。日本でも展開する「ハイアール」「アクア」両ブランドと合わせて、日本市場でシェア5位となった（12年）。

CEOの張瑞敏（ちょうずいびん）は迅速な決断と行動力で「中国経営大師」と称されている。

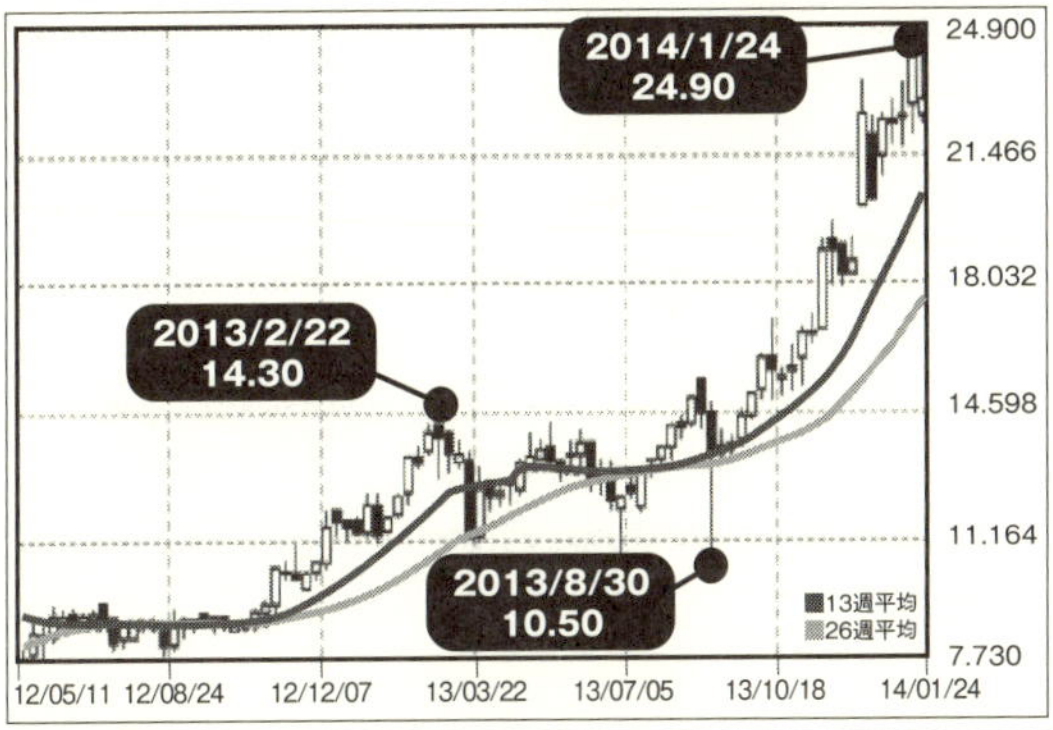

■ 金の生産量世界1

中国黄金国際（チャイナ・ゴールド・インター）

02099 鉱業 メインボード 現在 **23.15** 香港ドル （2014/1/24）

年間値上率 **−19.48%**

1600トンの金を保有する国有企業。主な事業は中国国内での金の生産、金製品の生産である。国内に保有する金山は65カ所、年間80トンを生産（12年）。中国国内の金生産の20%を中国黄金が担っている。海外でも積極的に金鉱を獲得し、探査、開発、採鉱を行っている。

13年6月中間期の売上高は1億5836万米ドル、純利益3344万米ドル。

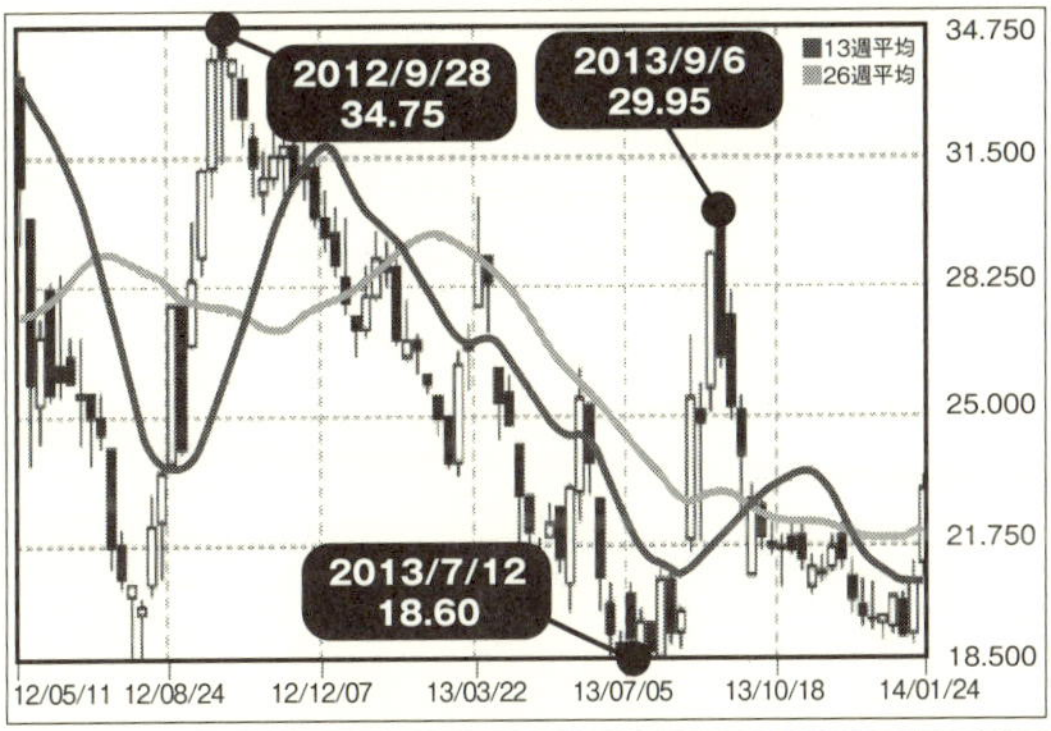

■ オンラインゲームで中国最大手

騰訊控股（テンセント）

00700　ソフトウエア　メインボード 現在 **501.00**香港ドル（2014/1/24）

年間値上率 **83.65%**

中国最大規模のポータルサイト「QQ.com」を運営。創業1998年。中国のインターネットサービス大手。主な事業は、インターネット向け、携帯電話向けの付加価値サービスとオンライン広告サービスの提供。

運営するSNS「Qzone」のアクティブユーザー数は6億3000万人、インスタントメッセンジャー「QQ」のユーザー数は7億人超（13年6月末）。

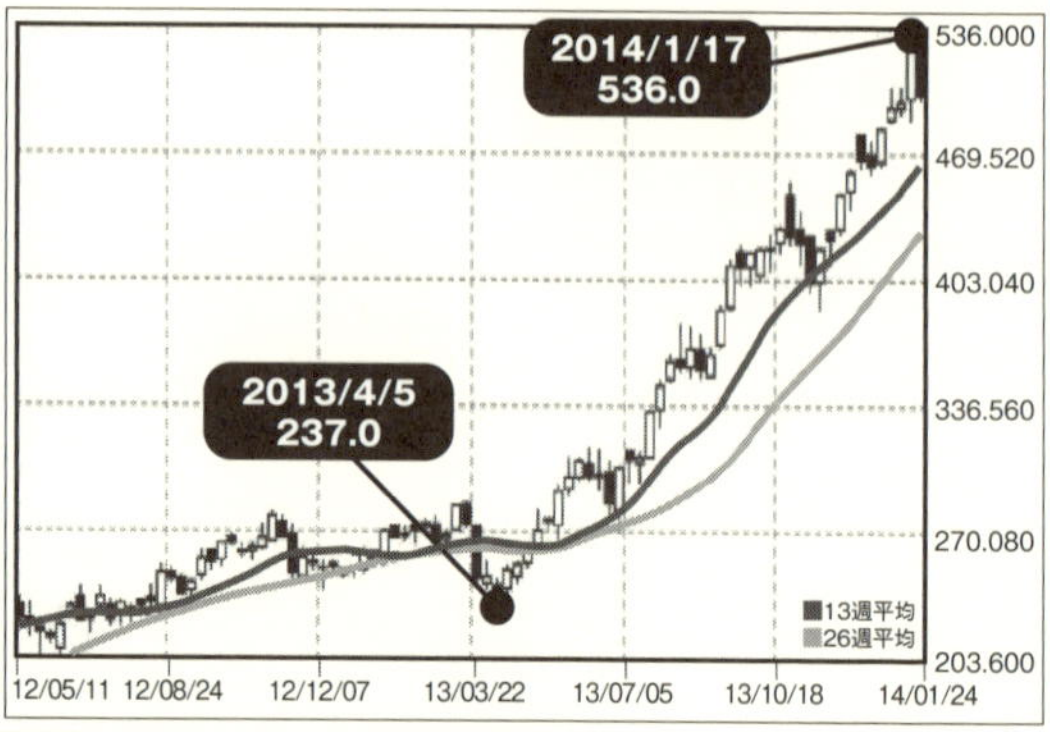

■ アジア最大級のカジノを経営

銀河娯楽（ギャラクシーエンター）

00027　ホテル・娯楽　メインボード 現在 **73.55**香港ドル（2014/1/24）

年間値上率 **117.93%**

マカオのカジノ大手。主な事業は、カジノ施設運営。その他、ホテル経営、建材の生産・販売なども手掛ける。

11年、マカオのコタイ地区にアジア最大級のカジノリゾート「ギャラクシー・マカオ」を開業。12年のカジノ市場シェアは19.1%で2位。13年6月の中間決算では35%の増益となった。

ホームページ「副島隆彦の学問道場」 http://soejima.to
ここで私は前途のある、優秀だが貧しい若者たちを育てています。
会員になってご支援ください。

あとがき

私の中国研究本の6冊目である本書には、旧満洲（ハルビン、ジャムス、富錦《フーキン》、長春）への調査旅行と、香港・深圳《シェンジェン》・マカオへの調査旅行の成果を書いた。

ところが、昨年末に安倍首相の靖国神社参拝問題が持ち上がって、世界（現在の世界秩序）に波紋が広がった。そのことをまず第1章で詳しく書いた。

安倍首相は今も強気で、日本国の隠された対外《たいがい》の国家戦略である中国包囲網《コンテイニング・チャイナ》づくりに邁進している。その実名を「自由と繁栄の弧《クレセント》」戦略と言う。外務官僚の谷内《やち》正太郎（内閣府の国家安全保障局長に就任した）が、8年前（2006年）につくったものである。これは、1940年につくられた「大東亜共栄圏《だいとうあきょうえいけん》」の再来である。そしてそれはまさしく「中国包囲網」戦略のことである。私は本書でこのことをはっきりと解明した。安倍晋三たちによるこの中国大《だい》包囲網が、いつまで、どこまで、どのように進展するのかをじっくりと見すえるつもりである。

この日本にとっての危険な政策の一部、一環として中国との軍事衝突（ミリタリック・コンフラグレイション militaric conflagration）の危機が迫っている。だが、軍事衝突が何回かあっても、それが全面戦争（ウォーフェア　warfare）になるわけではない。いよいよ私たちの日本は厳しい、いつか来た道を歩みつつある。

この本もビジネス社の岩谷健一編集長の伴走があってできあがった。何夜も出版社に泊まり込んで苦しい本づくりをやった。

私は欲張りだから、実は後世《こうせい》の人々のこの本への評価をこそ気にしている。目の前では私の言論は極《ご》く少数派でありほとんど無力である。

この本が、中国ビジネスの現場で苦しんでいる、多くの日本人ビジネスマンたちに届いて、彼らを鼓舞し励ますことができるよう願っている。「アジア人どうし戦わず」の旗を私は掲げ続ける。

２０１４年２月

副島隆彦

著者略歴

副島 隆彦（そえじま・たかひこ）

1953年福岡市生まれ。早稲田大学法学部卒業。外資系銀行員、予備校講師、常葉学園大学教授などを歴任。政治思想、法制度論、経済分析、社会時評などの分野で、評論家として活動。副島国家戦略研究所（SNSI）を主宰し、日本初の民間人国家戦略家として研究、執筆、講演活動を精力的に行っている。主な著書に『属国・日本論』『世界覇権国アメリカを動かす政治家と知識人たち』『預金封鎖』『それでも中国は巨大な成長を続ける』『帝国の逆襲－金とドル 最後の闘い』他多数。

ホームページ「副島隆彦の学問道場」URL　http://www.snsi.jp

e-mail　GZE03120@nifty.ne.jp

靖国問題と中国包囲網

2014年3月17日　第1刷発行

著　者　　副島隆彦

発行者　　唐津 隆

発行所　　株式会社ビジネス社

〒162-0805　東京都新宿区矢来町114番地 神楽坂高橋ビル5階

電話　03(5227)1602　FAX　03(5227)1603

http://www.business-sha.co.jp

印刷・製本　大日本印刷株式会社

〈カバーデザイン〉末元朝子（パワーハウス）〈本文組版〉エムアンドケイ

〈編集担当〉岩谷健一〈営業担当〉山口健志

ISBN978-4-8284-1743-1